ゾロアスターとマイトレーヤーの降臨

知られざる神々の真実

大川隆法

Ryuho Okawa

ゾロアスターの霊言（写真上）、マイトレーヤーの霊言（写真中・下）は、
2010年3月2日、幸福の科学総合本部にて、質問者との対話形式で
公開収録された。

まえがき

まことに不思議な書物というほかない。

資料なるものは、ほとんど役に立たない。

宗教家としての人類最高の神通力を使って、ゾロアスターとマイトレーヤーという、かすかに名前だけは日本人も知っている、太古《たいこ》の大霊《たいれい》の霊言を収録した。

しかし、本書をていねいに読めば、神が世界宗教を世に放った理由と、地上人の無理解ゆえに、その慈悲《じひ》がわからず、宗教に対する評価が混乱していることがよくわかる。

この文を書いているただ今、アフリカのリビア戦争は最終局面を迎え、中東ではシリアなどでも動乱が続いている。何か大きな力が働いているといわざるをえない。

二〇一一年　八月下旬

幸福《こうふく》の科学《かがく》グループ創始者兼総裁《そうししゃけんそうさい》　大川隆法《おおかわりゅうほう》

ゾロアスターとマイトレーヤーの降臨　目次

まえがき　1

第1章　「光の神」を信じよ
――ゾロアスターの霊言《れいげん》――
二〇一〇年三月二日　霊示

1　『太陽の法』の創世記の記述を検証する　13
2　ゾロアスター教とは何か　18
ゾロアスターを招霊《しょうれい》する　18
釈迦《しゃか》の百年ほど前に生まれて「善悪二元の宗教」を説いた　21
3　中国への転生《てんしょう》計画について　27

4　イスラム教とキリスト教をどう見ているか　31
非常に霊的で、祭政一致《さいせいいっち》を実践《じっせん》するイスラム教　32
戦神《いくさがみ》も兼《か》ねていたムハンマド、ユダヤの預言者のつもりでいたイエス　35
時代の変化に対応できず、問題の多いイスラム教　37
今、イスラム圏《けん》を改革しようとする動きが起きている　40
5　大聖エスカレント時代の記憶《きおく》　44
ムーの時代のことは、かすかに覚えている程度　45
私が「太陽を崇《あが》めておじぎをする慣習」を始めた　47
ピラミッド・パワーは、宇宙人から教えられたもの　53
ムー時代にも宇宙人が何種類か来ていた　56

6
光と闇《やみ》の系譜《けいふ》 59
光の神オーラ・マズダとは「エル・カンターレ」のこと 60
アーリマンの正体は、「悪魔《あくま》ベリアル」 61
エンリルは「善悪の両面を含《ふく》んでいる神」 64
エンキの過去世《かこぜ》はホルス、
その後、ラムセス二世、天台智顗《てんだいちぎ》として転生した 69

7
マニ教の悲劇 76
在世中《ざいせちゅう》に「世界宗教」を築いたマニ 77
霊的な宗教として迫害《はくがい》された、グノーシス派とマニ教 80
〝正統派宗教〟から反撃《はんげき》されるのは、改革者の宿命 84

8
エンリル同様、「人類を処罰《しょばつ》すべし」という考えか 88

9　世界宗教を目指す「幸福の科学」へのアドバイス　92
まだまだ本来の使命を果たせていない　92
迫害を恐《おそ》れず、この世的に用心しながら前進を　96

第2章　「光のプリズム」の使命

――マイトレーヤーの霊言――

二〇一〇年三月二日　霊示

1　「九次元如来《にょらい》マイトレーヤー」を招霊する　105
2　マイトレーヤーの仕事について　112
近年、神智学《しんちがく》の祖・ブラヴァツキー夫人として生まれた　112

「時代精神の具象化」が私の仕事　115
私は「エル・カンターレの補助者」であり、「無個性」の存在　117
3　マイトレーヤーは「帝釈天《たいしゃくてん》」なのか　120
4　幸福の科学の教えを利用する邪教団《じゃきょうだん》の霊的背景　123
神智学を学んでいた高橋信次《たかはししんじ》　124
ヒトラーに利用された、シュタイナーの人智学《じんちがく》　127
先の大戦は「ミカエル対ルシフェル」の戦いだった　129
「宗教への迫害」が悪魔の発生原因の一つ　132
5　核《かく》戦争で滅《ほろ》びた「オリオンの文明」　135
宇宙人は「核戦争で地球が滅びること」を恐れている　136
オリオンには「巨人族《きょじんぞく》」「小人族《こびとぞく》」「竜神《りゅうじん》」の三種類がいた　140

6　「地球における男女のあり方」をどう考えるか　143

地球の文明は実験期を迎《むか》えている　144

善悪を決めるのが非常に難しい時期　146

7　「現象」についての考え方　150

「教え」と「現象」は、証明のための必要十分条件　152

釈尊も「六大神通力《じんつうりき》」を持っていた　154

現代的な「常識」に縛《しば》られている日本人　158

8　明かされた「マイトレーヤーの転生」　161

コロンブスやローマ教皇《きょうこう》、ミトラ教の開祖などで生まれている　166

あとがき　174

「霊言現象《れいげん》」とは、あの世の霊存在の言葉を語りおろす現象のことである。これは高度な悟りを開いた者に特有のものであり、「霊媒現象《れいばい》」（トランス状態になって意識を失い、霊が一方的にしゃべる現象）とは異なる。また、外国人霊の霊言の場合には、霊言現象を行う者の言語中枢《ちゅうすう》から、必要な言葉を選び出し、日本語で語ることも可能である。

第1章

「光の神」を信じよ

――ゾロアスターの霊言《れいげん》――

二〇一〇年三月二日　霊示

ゾロアスター（紀元前八世紀頃）

ゾロアスター教の開祖。古代イラン地方にて「善悪二元」の教えを説いた。その後、同じくイラン地方にマニ（二一五〜二七五）として転生《てんしょう》し、マニ教の開祖となった。九次元存在。『太陽の法』（幸福の科学出版刊）第1章・第4章・第5章参照。

［質問者三名は、それぞれA・B・Cと表記］

1　『太陽の法』の創世記の記述を検証する

大川隆法　今回の霊言《れいげん》は、『神々が語る　レムリアの真実』『アトランティス文明の真相』（共に幸福の科学出版刊）に続く、『太陽の法』シリーズになります。

私の著書『太陽の法』には、創世記に当たる記述があります。これは、他の宗教でいえば、神話・伝説に当たる部分ですが、二十数年前に原型を書いて以来、私は、ほとんど手を入れていませんし、その後、特に追加情報も出していないので、やや不足するところがあるかもしれません。

また、同書には「九次元霊が十人いる」と書かれていますが、当会の指導霊《しどうれい》として直接出てきていない人たちもいます。

『太陽の法』は、私が会社を退職して幸福の科学を始める前の、一九八六年八月末から九月初めにかけての十日間ぐらいで、自動書記にて書いた本です。本当は、「各霊人《れいじん》は実際に存在するのか。どういう仕事をしたのか」などということを細かく検証しなければならないのでしょうが、自動書記でサーッと書いてしまった本であるため、二十数年たった今、「その創世記の部分が、どこまで正しく書けているか」という検証をしているのです。

さらに、今、『太陽の法』の記述で、隙《すき》があるところに対して、少し攻《せ》められているようです（収録当時のこと）。

したがって、『太陽の法』について、一度、洗い直しをしたいと思います。新事実が出てきたり、勘違《かんちが》いや間違いが混入したりしているようであれば、その部分を修正しなければならないと考えています。

質問者から、幾《いく》つか質問を投げてもらい、話をしているうちに、情報見積もりが可能になってくると思います。

今日の午前中は、まず、ゾロアスターを予定しています。

今まで「ゾロアスターの霊言」は出していませんし、霊指導も直接受けてはいないので、どういうことを言ってくるかは分かりません。この方は、おそらく、当会以外の、ほかの仕事をされているはずです。

『太陽の法』には、「ゾロアスターは、その後、マニという名前で生まれ変わり、マニ教をつくった」とも書いてありますが、それが事実かどうかについての確認はまだできていません。したがって、今回は、この点についても検証は必要かと思っています。

また、「マイトレーヤーという九次元如来《にょらい》が存在する」とも書いてありますが、この方も霊言は出ていないので、「実際に存在するのか。もし存在するならば、現在、天上界《てんじょうかい》でどのような仕事をしているのか。あるいは、過去、どういう所に生まれ、どういう仕事をしたのか」ということをチェックする必要があるかと思います。

ちなみに、マイトレーヤーを名乗る人は、たくさんいます。おそらく、実際には、九次元のマイトレーヤー、八次元のマイトレーヤー、七次元のマイトレーヤーなどが、たくさんいるのでしょう。この名前は、インドから西南アジア方面にかけて、よく使われているものなのです。

マイトレーヤーは、中国語の音写では「弥勒《みろく》」と書きますが、これは「慈《じ》悲《ひ》」という意味です。マイトレーヤーには、慈悲の「慈」（慈《いつく》しむ）という意味の、「マイトリー」という言葉が含《ふく》まれており、もともと、これが、英語のマーシー（mercy）の語源になっています。

要するに、慈悲です。慈悲の心のことを言っているのです。そのため、菩薩《ぼさつ》や観音《かんのん》、如来など、いろいろな人が、マイトレーヤーを名乗っている場合があるわけです。

したがって、今回は、「九次元のマイトレーヤーは存在するのかどうか」ということについても探究してみたいと思います（本書第２章参照）。

2　ゾロアスター教とは何か

ゾロアスターを招霊《しょうれい》する

大川隆法　それでは、まず、ゾロアスターのほうから呼んでみたいと思います。

（質問者に）質問をよろしくお願いします。

（瞑目《めいもく》し、深呼吸を繰《く》り返す。約七十秒間の沈黙《ちんもく》。両手を胸の前で交差させる）

九次元霊ゾロアスター、九次元霊ゾロアスター、ご降臨たまいて、幸福の科学を指導したまえ。九次元霊ゾロアスター、九次元霊ゾロアスター、ご降臨たまいて、幸福の科学を指導したまえ。九次元霊ゾロアスター、ご降臨たまいて、われらを指導したまえ。

（約六十秒間の沈黙）

ゾロアスター　ゾロアスターです。

A——　ゾロアスター様、本日は、幸福の科学総合本部にご降臨くださり、まことにありがとうございます。私《わたくし》は指導研修局を担当している○○と申します（収録当時）。本日は、霊言《れいげん》を賜《たまわ》れますことを、重ねて感謝申し上げます。

まず私《わたくし》のほうから質問させていただきます。

正直申し上げまして、私たちは、「ゾロアスター様は、どういう方なのか」という情報をあまり持ち合わせておりません。「地球系霊団《れいだん》には、十名の九次元霊がいらっしゃる」ということは聞き及《およ》んでおりますが、ゾロアスター様におかれましては、現在、どのような役割を持ち、具体的にどのような活動をしておられるのでしょうか。そのあたりから教えていただければ、幸いでございます。

ゾロアスター　（約十五秒間の沈黙）
現在、私《わたくし》は、実は、次の時代の宗教をつくるべく、下準備に入っているところです。これは、まだシークレット・ドクトリン（秘教《ひきょう》）ではあります。今、地球を眺《なが》めてみて、最も問題のある所は中国です。ですから、今、「中国に、次、生まれて活動するとしたら、どのようにすべきか」という検討に入っているところです。

それが、現在、天上界《てんじょうかい》にいる私の、主たる関心です。

釈迦《しゃか》の百年ほど前に生まれて「善悪二元の宗教」を説いた

過去、私《わたくし》自身が生まれ、活躍《かつやく》した時代は、イエスの時代から千年も遡《さかのぼ》らないころで、仏陀《ぶっだ》の時代より百年ほど前です。

ゾロアスター教は、中東の宗教として理解されておりますが、正確に述べるとするならば、私は、現在でいうと、ロシアの南部に当たる地域に生まれております。ただ、宗教としては、当時、イランを中心に広がったので、イラン中心の宗教のように思われています。

教えの内容としては、まず、「光と闇《やみ》、オーラ・マズダとアーリマンという、二つの大きな力が、この世を動かしている」という考えがあります。

オーラ・マズダは、「光をもたらす者」であり、あなたがたの言葉で言えば、「神」に当たる存在です。アーリマンは、「悪を行《おこな》う者」という意味です。

いわゆる二元論といわれておりますが、そうした善悪二元の宗教を中心に説きました。つまり、「オーラ・マズダを信ずるべし。アーリマンに引きずり込《こ》まれて地獄《じごく》に行くことなかれ」という教えが中心であり、地獄の詳細《しょうさい》な描写《びょうしゃ》もまた特徴《とくちょう》的でありました。

あなたがたは、おそらく、「この世の人間が死んで、あの世に還《かえ》るときに、三途《さんず》の川を渡《わた》る」と教えているのでしょうが、私の教えでは、「深い谷底のある崖《がけ》の間に一本の幅《はば》広い刀が架《か》かっていて、死者は、その上を通らねばならない」ということになっています。

そして、この刀を渡ろうとするとき、「生前、善をなした者の場合は、その幅広い刀は水平になり、その横になった刃《やいば》の上を歩いて向こう側に渡れ、天国へ入っていける。一方、悪人であった場合は、刀の刃の部分が上を向いて、渡ることができなくなり、体が切り裂《さ》かれて谷底に落ちていく。そして、地獄に入る」ということになっております。

教典《きょうてん》としては、『ゼンド・アヴェスター』というものがありましたが、現在では伝わっておりません。

当時は、ほとんど、口承《こうしょう》といいますか、口伝えに教えを伝えていましたので、後《のち》の世に編纂《へんさん》はされましたが、他の宗教から、いろいろと攻撃《こうげき》や迫害《はくがい》等を受けて、いつしか散逸《さんいつ》したため、現代では、ほとんど残っていないと思われます。

ただ、ゾロアスター教のかすかな名残《なごり》が、拝火教《はいかきょう》として、インドなどに残っております。火を祀《まつ》る教えというか、儀式《ぎしき》というか、そうしたものは仏教にも入り込んでいるはずです。例えば、仏教では護摩《ごま》を焚《た》いたりしますね。護摩木《ごまぎ》を焚いて、火を祀りますが、これは釈迦《しゃか》の教えとは関係がないはずです。

私《わたくし》は、釈迦より百年ほど前に生まれた者ですし、私の教えが広がった中東は、インドと近いので交易があります。したがって、当然、教えとしては、インドにも入っていっております。

つまり、火祀りを行う拝火教の教えは、インドにも伝わっていき、インド古来のマヌ[注1]の教えや、「各種ヴェーダの儀式を執《と》り行うバラモン教」のなかに、火を祀る儀式として取り込まれて融合《ゆうごう》しました。そのため、今でも、インドの一部では、そうした拝火教的なものは残っていると思います。

「火を拝む」ということは、「浄化《じょうか》する」ということであるし、「地上の肉体に執着《しゅうちゃく》するな」ということでもある。また、ある意味では、地獄の業火《ごうか》を象徴しているところもあります。

今、残っているゾロアスター教の痕跡《こんせき》としては、こうした拝火教的要素と、おそらく、もう一つは「鳥葬《ちょうそう》」でしょうか。

鳥葬というのは、おもにコーカサス地方（黒海とカスピ海に挟《はさ》まれた地域）にあった風習ですけれども、「奉仕《ほうし》として、自分の体を、生きとし生けるものに与《あた》える」ということで、鳥に死体を食べさせるかたちの葬式です。これはおそらく、チベット、ヒマラヤ地方の山岳《さんがく》地帯には、今も残っているはずです。標高が高くて乾燥《かんそう》した地域では、死体を自然のままに放置しておくと、腐《くさ》らずに、だんだんミイラ化していきます。その過程で、「鳥たち、特にハゲワシのようなものに、自分の体が食べられることによって、死を悟《さと》らせていた」ということが言えますね。

まあ、大まかに言うと、ゾロアスター教は、そのような宗教でありました。

A――　ありがとうございます。

3　中国への転生《てんしょう》計画について

A——　先ほど、「中国のことを懸念《けねん》している」というコメントを頂きましたが、中国の、どういうところが問題なのでしょうか。

ゾロアスター　やはり、彼らも、「何らかの宗教を復興しなくてはならない」と考えているようには思いますが、「十三億の民《たみ》が、どういう思想・信条を持つか」、あるいは、今、私は「宗教」という言葉を使いましたけれども、これは「真理」ということでもありますので、言い換《か》えれば、「十三億の民が真理を知っているかどうか」というのは、大きなことですね。

今、中国政府は、国家の体制に影響《えいきょう》がないと思われる、孔子《こうし》の儒教《じゅきょう》とか、老《ろう》子《し》の道教《どうきょう》とか、そういう古いものを、少しずつ、民間的には復興させておりま す。つまり、文化大革命で破壊《はかい》されたものを回復させつつあるところです。

しかし、根本的には、本格的な宗教が、この十数億の民には必要だと思いますので、私としては、中国的な色彩《しきさい》を持った宗教を、何かつくらねばならないと考えております。

ただ、「中国にて法を説く」ということは、受難《じゅなん》を意味するので、おそらくは殉教《じゅんきょう》することになるのではないかと予想しておりますが、まあ、後《のち》の世において、人々が悟《さと》るようすがになればよいかと思っています。

A――　そうしますと、中国に対して、これから指導をされるということでしょうか。

ゾロアスター　ええ。今、そのつもりで取りかかっています。

今、あなたがたは、中国の外から伝道をかけていらっしゃると思いますが、おそらく、それだけでは不十分であり、体制を壊《こわ》すのは難しいと思います。そこで、私は、中国のなかに生まれ、内側から変えていく努力をしようと考えています。

まだ正確には決めていませんが、あなたがたの伝道が、この十年余りで、どのようになるかを見定《みさだ》め、その間《あいだ》に、だいたいの人生計画を立てて、下生《げしょう》するつもりでおります。

実際上は、大人になってから活動することになりますので、エル・カンターレとバトンタッチするかたちになるかもしれません。ただ、法としては、おそらく、エル・カンターレより、もう少し狭《せま》いものになると思います。

A——　分かりました。

4　イスラム教とキリスト教をどう見ているか

A――　次の質問に入らせていただきます。

ある霊人《れいじん》（ミカエル）によりますと、ゾロアスター様は、イスラム教を起こしたムハンマド様を指導しておられたとのことですが（『世界紛争《ふんそう》の真実』〔幸福の科学出版刊〕第2章参照）、現在、ゾロアスター様は、イスラム教、およびイスラム圏《けん》とぶつかっているキリスト教に対して、どのようなお考えをお持ちでしょうか。

非常に霊的《れいてき》で、祭政一致《さいせいいっち》を実践《じっせん》するイスラム教

ゾロアスター　イスラム教が優《すぐ》れているのは、「非常に霊的《れいてき》なところがある」という点ですよね。つまり、霊界観《れいかいかん》を非常にはっきりと肯定《こうてい》しています。この点に関しては、キリスト教には、少し曖昧《あいまい》なところがあります。

それから、イスラム教には、いわゆる祭政一致《さいせいいっち》を実践《じっせん》したところがあります。これは、ひとつの文明実験であるし、ある意味で、「宗教指導者が政治・軍事的にも指導する」という祭政一致のスタイルは、古代ユダヤの伝統を引き継《つ》いでいるものでもあります。

ところが、キリスト教のほうは、祭政一致型ではなくなり、政治と宗教が分

かれて二分化していきました。また、霊的なものも弱くなっているところがあると思いますね。

「イスラム教が霊的である」というのは、霊言《れいげん》型宗教だからです。幸福の科学に霊言が降りているように、ムハンマド（マホメット）が霊言で語ったものが、『コーラン』になっているのです。

その霊言を送ったのは、ジブリールという霊人です。ま、ガブリエルですね。ガブリエルのアラビア語読みがジブリールですが、そのジブリールを通じて送った霊言が、アラビア語としてとても美しい響《ひび》きを持っているので、それを読《どく》誦《しょう》するだけで、みな、陶酔《とうすい》状態になる。アラビア語以外では、その響きの美しさが伝わらない。

ま、そういう宗教を一つつくったわけですね。

要するに、「イスラム教は、ジブリール経由ではあるけれども、神の言葉でできた教典《きょうてん》を持っているが、キリスト教には、そうしたものは、とても少ない。また、イエスが、『天なる父は、こう言っている。ああ言っている』と、間接的に述べるにとどまっていて、はっきりしない」ということですね。

このへんについては、イスラム教のほうが優れていると考えています。

一方、キリスト教には、イエスの伝道期間が三年ほどしかなく、教えが十分ではなかったがゆえに、教えに隙《すき》がたくさんあります。そのため、逆に言えば、現世的にいろいろと解釈《かいしゃく》したり、付け加えたりする余地がたくさんあるので、それなりに、後世の聖書学者たちがいろいろと補充《ほじゅう》し、この世的に発展させることができたところがあると思います。

戦神《いくさがみ》も兼《か》ねていたムハンマド、ユダヤの預言者のつもりでいたイエス

まあ、ムハンマドが戦争指導者として勝利したことが、ある意味で、イスラム教の原点であり、彼は戦神《いくさがみ》も兼《か》ねているので、自分たちでは「平和」を言っていても、戦争が好きなところもあります。

一方、イエスは、遺《のこ》された言葉から見ると、どちらかといえば、戦争が好きではない平和論者のように読めます。

しかし、『聖書』のなかには、「私《わたくし》が、この世に来たのは、平和をもたらすためではなく、剣《つるぎ》を投《とう》ぜんがためである。それによって、夫と妻が憎《にく》み合った

り、親子が憎み合ったり、きょうだいが憎み合ったりすることもあるだろう」というような言葉もあります。確かに、現実に伝道をしてみると、そういうことは、どの宗教にも起きることですけれどもね。

また、これと矛盾《むじゅん》した教えではありますが、『聖書』には、「右の頰《ほお》を叩《たた》かれたら、左の頰も差し出せ」「下着を取られたら、上着も与《あた》えよ」「『一マイル歩け』と言われたら、二マイル歩け」という言葉も出ています。「剣を投ぜんがために来た」という教えとは、ちょっと矛盾していますが、おそらく、古代ユダヤの教えが混在しているためでしょう。まあ、いろいろなことがあったらしい。

イエス自身、「自分はユダヤ教徒だ」と思っていたようです。イスラム教では、イエスは、ユダヤの預言者の一人として位置づけられていますが、イエスも生前は、「自分はキリスト教徒だ」と思っていたわけではありません。ユダヤ教徒として、正統な、ユダヤの神の教えを復興するつもりでいたところがあり、意識的には、預言者のつもりでいたのではないでしょうか。そういうところがあると思います。

それゆえに、イエスは、この世での勝利というか、この世で王者《おうじゃ》となることを望まなかったのではないかと思われますね。

時代の変化に対応できず、問題の多いイスラム教

イスラム教とキリスト教は、ともに大きな勢力となりましたが、今、イスラム教徒の人口がどんどん増えている一方、キリスト教徒の人口はそれほど増え

ていないので、キリスト教側は、イスラム教に脅威《きょうい》を感じています。イスラム圏の人口は増えていますが、キリスト教圏は文明的に発展しているので、人口が増えなくなってきています。要するに、文明が西洋化して生活が高度化すれば、少子化が必ず進むからです。

したがって、キリスト教側は、貧しいイスラム圏に人口が増え、信者が拮抗《きっこう》してくるのを恐《おそ》れていますね。

私《わたくし》としては、確かに、イスラム教は、今のままでは問題が多いと思っています。キリスト教側からも、主として、人権弾圧《だんあつ》に対して攻撃《こうげき》されていますね。イスラム教が最も強いのは、政治・軍事・法律から、神の教えまでが、全部一体になっているところです。そして、この一体化がとても強いために、ある意味で、それが非常に強固すぎ、時代的な変化に対応できないでいます。

　要するに、神の教えが、この世の領域に、あまりにも入り込《こ》みすぎているのです。キリスト教では、神の教えが少なすぎるために、この世的なものをいくらでも入れられたのですが、イスラム教では、この世的な作法《さほう》や生き方、こまごまとした生活規範《きはん》までが、神の教えとして入り込んでいるわけです。そのため、時代が変わった今となっても、これを捨てるわけにもいかず、困っているところが多いかと思います。

　だから、キリスト教側からは、主として、「人権を弾圧している」「人の命を軽《かろ》んじている」というように攻撃されています。また、政治的に見れば、全体主義的に見える面も多々あるし、あなたがたの目からは、自爆《じばく》テロなどが非常に危険な要素を含《ふく》んでいるように見えているはずだと思います。

今、イスラム圏《けん》を改革しようとする動きが起きている

A――　現在、この二つの宗教がぶつかり合った結果、さまざまなテロや戦争が起きていますが、ゾロアスター様は、イスラム教とキリスト教を、どのように融和《ゆうわ》させていけばよいとお考えでしょうか。

ゾロアスター　イスラム教自体は、西暦《せいれき》五七〇年ごろに、ムハンマドが、今のサウジアラビアに生まれて、西暦六〇〇年代の初めに確立した宗教であり、その中身としては、基本的に、キリスト教を全面的に肯定しているし、『旧約聖書』も肯定しています。

ムハンマド自体は、自分のことを「最後の預言者」と語っています。イエスが、過去のイスラエルの預言者の続きとして出たつもりでいたように、ムハンマドも、「イエスの次に出た、最大にして最後の預言者」と自分を位置づけていて、「同じものだ」と理解しているつもりでしたし、まあ、キリスト教にイノベーションをかけたぐらいのつもりでいたわけです。しかし、実際上は、激しい対立を生むことになりました。

イスラム圏《けん》は、今から見ると、中世に、ものすごく発展をしています。そのころ、キリスト教国のほうは暗黒時代を送っていたので、「まさしく、神の意思として、キリスト教はもう終わりかもしれない。イエス没後《ぼつご》千年で、もう、だいたい使命が終わり、これからイスラム教の時代に入るのかな」と見ていたのかと思いますが、その後、新教ができるなど、向こうにも改革運動が起きて、盛り返し、今、勢力が拮抗しているわけです。

したがって、イスラムにもまた改革運動が内部から起きてこなければ、新しいキリスト教のほうに負けていくことになるでしょう。特に、科学技術的な面や経済的な面がそうとう遅《おく》れているので、今、「アラブのオイルマネー」と、「イスラエルに負けないような科学技術の進展」とで、イスラム圏を改革しようとする動きがあります。

A―― 分かりました。

それでは、質問者を替《か》えさせていただきます。

ゾロアスター はい。

Ａ――　ありがとうございました。

5　大聖エスカレント時代の記憶《きおく》

B――　ゾロアスター様、本日は、霊言《れいげん》というかたちで尊いご指導を賜《たまわ》りますことに心より感謝申し上げます。私《わたくし》は、第四編集局の○○と申します。どうぞ、よろしくお願いいたします。

ゾロアスター　はい。

B――　早速《さっそく》、質問させていただきます。

聖典《せいてん》『太陽の法』によりますと、「ゾロアスター様は、今から二万年余り前、ムー大陸にエスカレントという名前でお生まれになり、太陽の光を中心とした文明を起こされた」とのことですが、その当時、どのようなお立場で、どのようなご指導をなされたのでしょうか。

ムーの時代のことは、かすかに覚えている程度

ゾロアスター　それは、ずいぶん古い話ですねえ。よく、そんな何万年も前のことを書く人がいますねえ。

それは、キリスト教もイスラム教もできなかったことです。よく、そんな昔のことを言う人がいるものですねえ。

私たちにとっても、それはもう、はるか彼方《かなた》のことであって、「ああ。そうだったかもしれない」というぐらいの、かすかな記憶《きおく》しか残っておりません。とにかく、忙《いそが》しかったのでね。

まあ、ゾロアスター教には三千年近い歴史がありますが、私《わたくし》たちの頭は、ここ千年、二千年、三千年ぐらいのことでいっぱいなので、「何万年も前」と言われると、もう、頭がクラクラ、クラクラ、クラクラ、クラーッとしてしまいますね。

だから、「いつごろのことだったかな」という感じがちょっとしますが、それを書いた人は普通《ふつう》ではないですね。そんな昔のことを書く人はいないですね。まあ、でも、基本は、あれですよ。私の基本思想は、「神は光なり」「闇《やみ》の勢力に負けるなかれ」ということであり、それが、地域と時代性に合わせて変化するわけです。つまり、その変化形として、そのときどきの言葉や文化に合わせた説き方はいたしますけれども……。うーん。しかし、よくそんなことを調べましたねえ。驚《おどろ》きました。

何だか、過去帳《ちょう》のようなものを見られた感じです。あるいは、子供時代の日記帳を開けられたような感じがして、びっくりしました。よく知っていますね。すごいですねえ。私《わたくし》のほうは、名前をかすかに覚えている程度ですのに……。

私が「太陽を崇《あが》めておじぎをする慣習」を始めた

ゾロアスター　それで、何と書いてあるのですか。

B――　はい。『太陽の法』によりますと、「大聖エスカレントというお名前で、太陽の光を重視された」と。

ゾロアスター　はあ。

B――　特に、「光を聖なるものとして崇《あが》め、敬い、『光源を見ると、おじぎをする』という、しきたりをつくられた」と。

ゾロアスター　それは、ムーですか。ムー？

B――　はい。ムーの時代でございます。

ゾロアスター　ムー……。はあ。

B——　東洋には、「おじぎをする」という風習がありますが、そういう、「東洋文化の源流をつくられた」ということと、もう一つは、「太陽の光エネルギーを科学的に増幅《ぞうふく》する装置、いわゆるピラミッド・パワーというものを確立された」と教えていただいております。

ゾロアスター　ほう！　すごい人がいるもんだ。そうですか。では、そうなのでしょう（会場笑）。

前半の「太陽を崇めておじぎをする」というのは、日本の風習ですよね。ですから、一瞬《いっしゅん》、「私は天照大神《あまてらすおおみかみ》か」と思いましたよ。ああ、それはムーの風習なんですね。そこから日本に入っているんですねえ。

太陽を拝むこと自体は、宗教や地域を変えても、おそらくあるだろうと思います。特に、農耕で生きている民族は、だいたい、そうなります。太陽の恵《めぐ》みがないと作物がとれませんので、農耕系の民族は、どこも、「太陽を称《たた》える」「太陽に感謝する」ということを、必ずやりますね。

だから、「おじぎをする」ということは、私でなくても始めるでしょうから、中南米の宗教でも、アフリカの宗教でも、ヨーロッパの宗教でも、その他の所でも、あるかもしれません。

しかし、その本を書いた人、すごいですねえ。

B――　大川総裁でございます。

ゾロアスター　ああ、そうですか。それはすごいです。よく知っておられますね。そうなんです。私がおじぎを始めたのです。そのとおりです。

礼拝《れいはい》の仕方はいろいろとあります。今もイスラム教などは、もっと激しく、このようにやるでしょう？（両手を掲《かか》げ、深くおじぎするしぐさをする）あそこまで激しくやるかどうかは別ですけれども、「礼拝《らいはい》のスタイルをどう決めるか」というのは、宗教にとって大事なことです。「大いなるものに帰依《きえ》する」という意味で、頭を下げて体を低くし、謙虚《けんきょ》さを表すんですね。

仏教のほうにも、「五体投地《ごたいとうち》」というのがあります。これは仏教オリジナルではないかもしれません。仏教よりもっと前から、ヨガなどで行《おこな》っていたのではないかと思いますが、パタンと前に倒《たお》れて起き上がり、またパタンと前に倒れて起き上がり、そうして、ヒマラヤに向かってシャクトリムシのように進んでいくという修行《しゅぎょう》がございますね。服がボロボロになり、あばら骨もとても痛むので、かわいそうです。ちょっと、やりすぎだと私は思います。車で行ったほうがいいと思いますけれども（会場笑）。

まあ、宗教の本質は、神に対する畏怖《いふ》の念と謙虚さを表すということであり、それが、おじぎなどの礼拝《れいはい》のかたちになっているわけですね。

ただ、それを書いた人、すごいですね。よく知っていますねえ。そうです。私が始めました。それについては、記憶がはっきりとあります。

ピラミッド・パワーは、宇宙人から教えられたもの

ゾロアスター　それから、太陽を崇め、おじぎすることと……。

B——　ピラミッド・パワーです。

ゾロアスター　ピラミッド・パワーを使って何をしたと書いてありますか。

B——　「太陽の光の力を増幅し、それをエネルギー源として活用する方法を確立された」と教えていただいております。

ゾロアスター　うーん。まあ、これは、私《わたくし》の直接の仕事ではないですね。私の時代の文明をつくった人たちの力のほうが大きいかなと思います。

例えば、今、ソニーとか、パナソニックとか、日立《ひたち》とか、トヨタとか、いろいろな会社があるけれども、エル・カンターレが、直接、自動車をつくったりウォークマンをつくったりしているわけではないでしょう？　そのような感じで、「私の時代に、そういうものが始まった」と言ってくださるのでしたら、「そうだ」と言っておいたほうが得だと思うので（会場笑）、そういうことにしますけれども、私《わたくし》が、直接、手を下《くだ》してつくったという感じではないですね。

どちらかといえば、ピラミッド・パワーそのものは、宇宙から来た教えだと思います。つまり、宇宙人から教えられた教えが入っていると思いますね。

ムーの時代に、宇宙から来た者たちが、ピラミッド・パワーを教えています。だから、それを文明として取り入れて、地球レベルで実験し、現実に実用化したということですね。

「ピラミッド・パワーを宇宙で最初に発見したのは、いったい、どこであるか」という探求は、とてもとても難しいですけれども、うーん……、まあ、そうですねえ、当時、たくさんの宇宙文明が入ってきていたので……。

ピラミッドは、宇宙でも、けっこういろいろな星に広がっているんですよ。ある星で広がったものが、よその星でも広がるので、どこがオリジナル（起源）かは、私《わたくし》もよく分からないのですが、おそらく、プレアデスやシリウスから来た文明の人たちも、ピラミッド・パワーを知っていたはずですね。

おそらく、宇宙から来た文明の一つであると思います。それを取り入れて、盛《さか》んにしたのが、私の時代だったということです。もし私が発明したように書いてくださっているのなら、消さないでおいてくださいい（会場笑）。

B――（笑）はい。分かりました。

ムー時代にも宇宙人が何種類か来ていた

B――ところで、今、異星人について触《ふ》れられましたが、ムー大陸の時代、エスカレント様は、実際に異星人と交流されていたのでしょうか。

ゾロアスター　古い話なのです。

まあ、私の頭は三千年ぐらいで止まっていますし、幾転生《いくてんしょう》もしていて、そのときの個性はもう残っていないのです。それは、もう過去の記憶帳というか、過去帳を調べないと分からないぐらい、古い話なのです。

すみません。私はエル・カンターレほど偉《えら》くないので、すぐには分からないんですけれども……。

（約十五秒間の沈黙《ちんもく》）

うん。宇宙人は確かに来ていましたね。彼らの目的は、やはり、「地球の文明を進化させる」ということです。当時も、けっこう何種類も来ています。彼らは、いろいろなことを教えていくのですが、根付かなかったり、お互《たが》いの部族闘争《とうそう》に使われたりすることもあったようです。

まあ、あまり私に訊《き》くのは……。その質問は、私に向いていないのではないですか。

B――　失礼いたしました。

ゾロアスター　はい。

6　光と闇《やみ》の系譜《けいふ》

B――　それでは、質問を変えさせていただきます。

先ほどから、『太陽の法』を書かれた、エル・カンターレという方の偉大《いだい》さを改めて感じさせていただいているのですが、ゾロアスター様からは、このエル・カンターレという存在が、どのように見えるのでしょうか。

光の神オーラ・マズダとは「エル・カンターレ」のこと

ゾロアスター　オーラ・マズダですよ、この人が。「光の神」です。だから、私たちの「主《しゅ》」です。オーラ・マズダです。はい。

私は、中東の地で、「光と闇《やみ》の戦い」「善悪二元の戦い」について語りましたが、オーラ・マズダの「オーラ」は、あなたがたも聞いたことのある言葉でしょう？「マズダ」も聞いたことがあるはずです。マツダ自動車ってありますね？　あれは、オーラ・マズダから来ているんです（会場笑）。

笑ってはいけない。本当なんですよ。神の名前を勝手に取ったのです。無許可でね。あのマツダ自動車というのは、オーラ・マズダの「マツダ（MAZD

A)」なのです。つまり、神様の名前を半分取ったのです。
ですから、光の神オーラ・マズダは、エル・カンターレです。

一方、アーリマンというのは、地上に関係すること、すなわち、肉体や物質にかかわることで人々を迷わし、惑《まど》わす、悪魔《あくま》的な「闇の存在」です。そして、「オーラ・マズダとアーリマンが戦っている」というのが、私の解釈《かいしゃく》ですね。

アーリマンの正体は、「悪魔《あくま》ベリアル」

では、「オーラ・マズダに対するアーリマンは、いったい何であるか」ということですが、まあ、そうですねえ、悪魔《あくま》は各地にたくさんおりますので、それを一言で言うのは難しいですけれども、当時、私《わたくし》がアーリマンと呼んでいた者の名前を、あえて、具体的に挙げるとすると……。私は、紀元前六〇〇年より少し前の、二千六、七百年前の人間ですので、その前にいた悪魔といいますと、だいたい三千年前から、四、五千年前ぐらいまでの間に〝活躍《かつやく》〟した者ということになりますよね。

それがいったい誰《だれ》であるかということですけれども、そのころに、中東で悪魔と呼ばれていた者は、実は、いわゆるサタン（ルシファー）ではないのです。私がアーリマンと言ったのは、サタンではなく、「ベリアル」と呼ばれている者が、それに相当すると思います。

まあ、あなたがたにはベリアルと言うよりも、「バアル」と言ったほうがよく分かると思いますね。昔、バアル信仰《しんこう》というものがあって、ヤハウェ信仰と対立していました。ユダヤの預言者たちは、このバアル信仰と戦っていますね。

例えば、エリヤという方がいます。彼は、今から二千八百年ほど前の方です。だから、エリヤが活躍したのは、私よりもほんの少し前の時代であり、あなたがたで言えば、明治か大正時代に当たるような感じですね。そのころに、エリヤは、当時すごく広がっていた、バアル信仰の神官五百人とカルメル山上《さんじょう》で戦いました。

あなたがたは日本にいるので地理的に分かりにくいでしょうが、中東の地全体は、本当はひとまとまりなんですよ。だから、中東のいろいろな地域で起きたことは、みな、情報として入ってきます。そのように、つながっているんですね。

その、エリヤが戦って滅《ほろ》ぼしたバアル信仰のバアル、すなわちベリアルが悪魔だと考えられていて、このベリアルが、アーリマンに相当する者と考えていただいていい。

エンリルは「善悪の両面を含《ふく》んでいる神」

このベリアルは、当時の考えによれば、うーん、何と言いましたか……、ああ、思い出した。注2 エンリルだね。エンリルの息子《むすこ》なんです。エンリルの息子で、後継者《こうけいしゃ》になったのが、ベリアルですね。

エンリルのなかにある破壊《はかい》的なるもののほうを主として引き継《つ》ぎ、教えとして広げたのが、ベリアルであり、これが中東の悪魔の一つになりました。

ですから、エル・カンターレ（天空神《てんくうしん》アヌ）がいて、その息子としてエンリルとエンキがいますが、エンキからマルドゥク（エンキの子。イエスの過去世《かこぜ》の一つ）のほうの流れは、光の流れです。

一方、エンリル系の流れが、いわゆる恐怖《きょうふ》の神の流れです。祟《たた》り神、恐《おそ》れ神、人々を畏怖《いふ》させ、恐怖させる。「神は、怖《こわ》くなくてはならない」という思想が入っているのがエンリル系です。

確かに、神にはそういう面もあります。「神には両面性があり、ヤヌスのように二つの顔がある」と言われているので、そういう面もないわけではありませんが、エンリル系は、そういう面が少し強かったのです。

それを極端《きょくたん》にして、破壊神《しん》のほうに強く出たのがベリアルです。そして、これと仲間というか、ほとんど双子《ふたご》扱《あつか》いになっているのが、インドのシヴァ神ですね。（注。シヴァ神は悪魔ではなく光の指導霊《しどうれい》である。）

このベリアル信仰、バアル信仰が、中東で非常に流行《はや》ったんですね。そして、この思想が、神の二面性として表れたので、中東やエジプト等に混乱が起きたんですね。

私は、「光と闇の対立」というように捉《とら》えましたが、光でも闇でもないものが、もう一つ出てきたのです。「光」と「闇」と「光と闇を含《ふく》んだもの」の三つが出てくる可能性があり、ここが神学の混乱の要因になっているのです。

例えば、『旧約聖書』の「ヨブ記」には、神と悪魔が天上界《てんじょうかい》で一緒《いっしょ》に会議をしたりしている話が出ているはずですね。

「ヨブという善良な人の信仰心が、正しいかどうかを試《ため》す」という会議があり、その会議にはサタンも参加しています。そして、サタンは、神の代理として、ヨブにいろいろと悪い災難ばかりを起こし、「それでも神を信じるか」ということを試すのです。そういう話が、『旧約聖書』に出ていますね。

「神と悪魔が同じテーブルについて会議をし、ヨブを試す」という、この神は、怪《あや》しい神ですね。そう思いませんか。

このように、われわれから見ると、「善悪の両方の面を含んでいる神」が、エンリルなのだと思う。これがいるために、神概念《がいねん》が歪《ゆが》んでいる。

今の中東、すなわち、カナンの地、シリア、レバノン、イラク、イラン、このあたりを全部含めて、中東の神は、基本は「エル」という神であり、これはエル・カンターレなのです。エルは、エル・カンターレの「エル」ですね。

こうした流れのなかから、ヤハウェ、エホバというのが出てくるのですが、このへんで混乱がいろいろと出てくるんですね。つまり、神概念のなかに、悪と善との区別がつかない存在が一つ入ってくるのです。

ずばり光の系譜《けいふ》に入る者以外に、光と闇が混在しているような系譜の者が一つ入ってきて、さらに、その後者が、まだ天上界的な存在と、悪魔的な者とに分かれていきました。

そして、天上界的な存在に分かれた者が、今、「裏側」といわれている、魔《ま》法界《ほうかい》や天狗界《てんぐかい》、仙人界《せんにんかい》等の住人です。こうした魔界的な者と、ずばり悪魔とに分かれたわけです。まあ、国会と一緒ですよ。

こうした分かれ方をして、ベリアルという悪魔が出てきたので、私は、「光と闇の戦い」というかたちで、はっきりさせたわけです。

ですから、「エンリル」対「ベリアル」であれば、対比上、はっきりとは違《ちが》いが分からなくなるのです。エンリル的な思想で行くと、神は、光と闇の両方を含んでいるような存在になるんですよ。悪いこともいいことも両方するような、両面性、二面性のある存在として、神様が見えてしまうわけです。

しかし、そうではなくて、「やはり、純粋《じゅんすい》な『光の神』を信じなくてはいけない」というのが、ゾロアスターの教えです。

B――　ありがとうございます。

エンキの過去世《かこぜ》はホルス、

その後、ラムセス二世、天台智顗《てんだいちぎ》として転生《てんしょう》した

B――　私からは、最後に、「エンキ」という存在について教えていただきたいと思います。エンキは光の系譜に属する者とのことですが、この方は、私《わたくし》たちに分かる霊人のお名前でいいますと、どなたに当たるのでしょうか。

ゾロアスター　うーん。それはエンキに直接訊《き》いたほうがよいかもしれません。私は、今まで聴《き》いてお分かりのとおり、記憶力《きおくりょく》が悪いタイプの人間です（会場笑）。みなさんは喜ぶかもしれませんが、私は二分法で二つにしか分けられない程度の単純な頭でありますので、はっきりとは……。

まあ、間違ったらいけないので、あれですけども、エンキは……。

（約十五秒間の沈黙《ちんもく》）

うん。うん。まあ、エンキは、オフェアリス[注3]（オシリス）の子のホルスだと[注4]思いますね。ホルスが、エンキとして出ていると私《わたくし》は思います。エジプトのホルスが、中東でエンキとして出ていると思いますね。

ホルスの時代は、おそらく七千年近い昔であり、エンキの時代は、それから、千年ちょっと下《くだ》っているかと思います。ですから、今から、五、六千年前ぐらいが、エンキだと思うのですが、その後《ご》……、うーん……、エンキは、その後、ラムセス二世として生まれているのではないでしょうか。

今は、モーセのほうが主役になって、ラムセス二世のほうは悪役にされていますが、ラムセス二世は、エジプトの最強期をつくった王であり、当時、裏神《うらがみ》というか、祟り神系を信じる信仰と戦っていたのではないかと思います。

エジプトのなかでも、ラムセス二世の思想は、基本的に、一神教のほうが中心だったので、おそらく、アメンホテプ、[注5]アモン・ラー、そして、トス、[注6]こうした方向の信仰だと思うのです。この流れは、エル・カンターレの信仰の流れだと思いますね。

今、映画とかで悪く言われているようですが、エジプトが最高に輝《かがや》いていたのは、ラムセス二世の時代です。彼がエジプト最強の国王であり、生きた神になった方です。映画では、このラムセス二世が、モーセを追ったことになっているようです。

まあ、モーセ側から書いた神話では、「奇跡《きせき》ばかり起きた」ということになっていますが、神話を読めば分かるように、モーセの神は、雹《ひょう》を降らせたり、イナゴの大群を起こしたり、ナイルの川を真っ赤に染めたり、疫病《えきびょう》を流行らせたり、こんなことばかりしています。

これが、あなたがたの「光の神」ですか。

モーセの神は、飢饉《ききん》、疫病、災害などをたくさん起こしているのでしょう？

これがイスラエルの宗教の祖になっているのでしょう？　これは光の神とは違いますね。

だから、モーセを追い出したラムセスは、やはり、光の神の系譜に相当する者だと思いますね。

確かに、時代が何千年もありますので、ユダヤの教えのなかには、光と闇を含む祟り神系を信じるものと、光だけを信じるものと、その両方が出ていると思うのですが、イスラエルの信仰のなかには、二つの信仰が混在しているんですね。

たいていの人は、神の姿を見ることができません。声を聴いているだけであって、姿は分からないんですよ。それをいいことに、「われのみが神である」と言う者がいるわけですが、そう言えば言うほど、怪しいものがあるように思います。

結局、エンキは、おそらく、ホルスだろうと思うし、それから、ラムセス二世の時代は、今から三千年少し前ぐらいかと思いますね。

そして、確か、そのころに、「ヘルメス・トリスメギストスの霊示《れいじ》を受けている」と称《しょう》する者も現れていたはずです。

まあ、そのへんの関係は、私もよく分からないのですが、ヘルメス・トリスメギストスという神官がエジプトに実在したように書かれているものもあります。しかし、これは、おそらく後世の偽作《ぎさく》だと思います。

ヘルメス・トリスメギストス、つまり「三倍偉大《いだい》なヘルメス」というのは、天上界にいるヘルメスのことです。[注7] そういう人がエジプトに実在したかのように言う偽書《ぎしょ》も、あとで現れてきていますが、ちょっと、教えが混乱していると思いますね。

ラムセスは、その後、転生《てんしょう》をして、天台智顗《てんだいちぎ》として生まれていると思います。

そういう系譜だと私《わたくし》は思います。

B――　霊的な秘密を教えていただき、本当にありがとうございます。

それでは、質問者を替《か》わらせていただきます。

ゾロアスター　はい。

7　マニ教の悲劇

C――　本日はご降臨いただき、まことにありがとうございます。私《わたくし》は国際局の○○と申します。

私からは、ゾロアスター様の転生《てんしょう》についてお聴《き》きできればと思います。

ゾロアスター　転生ですか。

C――　はい。『太陽の法』では、ゾロアスター様は、その後、マニとして転生され、マニ教を起こされたと記述されております。こちらにつきましては、歴史的事実と捉《とら》えてよろしいでしょうか。

在世中《ざいせちゅう》に「世界宗教」を築いたマニ

ゾロアスター　うん。まあ、つらい話です。マニは処刑《しょけい》されました。

マニ教というのは、A.D.三世紀ぐらいの宗教ですね。ゾロアスター教はB.C.七世紀ぐらいの宗教で、マニ教はA.D.三世紀の宗教ですけれども、当時、ゾロアスター教は健在というか、まだ残っていました。その正統派のゾロアスター教徒によって処刑されたのが、マニなのです。

だから、論理的には、「自分で自分を処刑した」ということになるので、まことに、不思議なのですが、イエスも処刑されておりますので、まあ、そういうこともあるかなとは思います。

マニ教も、基本的には、ゾロアスター教を取り入れた教えです。

私《わたくし》（マニ）は、A.D.三世紀、すなわち、西暦《せいれき》二百年代の初めに生まれ、二七四年か六年か、そのくらいに処刑されたと思いますが、なぜ、マニがマニ教をつくろうとしたのかと言えば、それは、当時、「キリスト教は失敗した」と思われていたからです。

イエスを地上に送ったのに、三十三歳《さい》ぐらいで処刑されてしまいました。その後、弟子《でし》たちが伝道したけれども、迫害《はくがい》が続いて、殉教《じゅんきょう》、殉教、殉教の嵐《あらし》でしたよね。

ローマ帝国《ていこく》時代は、みな、十字架《じゅうじか》や逆《さか》さ十字に架けられたり、ライオンの餌《えさ》にされたりして、受難《じゅなん》、殉教が続いていたので、「キリスト教は、もう、もたないな。もう一回、立て直しが要《い》る」と考えて、私が出たのです。

しかし、ちょうど私が活躍《かつやく》するころになって、ようやく、キリスト教がローマで認められるようになりました。皮肉なもので、その、認められるようになったキリスト教もまた、マニ教の迫害要因の一つにはなったと思います。

マニ教は、ゾロアスター教を下敷《したじ》きにしていますが、すでに仏教がインドで非常に流行《はや》っていたので、仏教の思想もかなり取り入れたものになっておりま す。また、キリスト教の思想も入っているし、仏教の思想も入っているんですね。マニ教は、仏教の修行《しゅぎょう》形態をそうとう取り入れています。

ですから、マニ教は、ゾロアスター教やキリスト教、仏教も取り込《こ》んだかたちの宗教でしたし、中東だけでなく、非常に幅《はば》広く、エジプト、アフリカ方面や、やや、ヨーロッパに入った地域や、インド、そして、一部は中国にまで広がりまして、私の在世中《ざいせちゅう》に、世界宗教の様相を呈《てい》するまでになりました。

霊的《れいてき》な宗教として迫害《はくがい》された、グノーシス派とマニ教

ただ、キリスト教のなかでは、私（マニ）とちょうど時期を同じくするか、少し前ぐらいになりますが、そのころに、グノーシス派というものが流行りました。

ペテロのつくった教会制度およびパウロの伝道形式で、キリスト教なるものは出来上がっていったのですが、キリスト教に残っているものを見ると、やはり霊的《れいてき》な部分が非常に薄《うす》く、間違《まちが》いもありました。

つまり、仏教的な転生輪廻《てんしょうりんね》等の思想が出ていないし、天国・地獄《じごく》の思想もあまり明確ではありません。修行の方法も明確ではなく、『キリスト教を信じれば救われる』という程度の教えしかなかったのです。

そのため、「宗教として、もう少し、きちんとする必要がある」ということで、天上界《てんじょうかい》から、キリスト教系の霊能者軍団を出して、他の宗教とも共通するような霊的知識を説かせたのです。これがグノーシス派といわれているものです。グノーシスは、「知識」という意味です。

そして、当時は、その霊的知識を入れた一派が非常に力を持ってきている時期であったのですが、マニ教は、その思想も取り入れていました。もちろん、転生輪廻の思想とかは、仏教にもありますし、仏教以前のインドの思想にもあるので、当然取り入れていたのですが、グノーシス派のほうとも協調してやっていたのです。

ところが、当時、教会が認められてきて、現世的な政治的力を持ち始めていました。そして、「グノーシス派を徹底的《てっていてき》に殲滅《せんめつ》する」という方針を出して、本当に、一人残らず殺してしまうところまでやったのです。

まあ、当時の私には、これは本当に悪魔《あくま》の教えのように感じられました。キリスト教のなかに流れている思想に、「偽《にせ》キリストに警戒《けいかい》せよ」というものがあって、グノーシス派を偽キリストの思想と認定したわけです。おまけに、私、マニも、偽キリストの一人に入れられていたのだろうと思います。

おかしなもので、新教というか、プロテスタントが始まると、当然、カトリックは、ルターやカルバンのような人たちを「偽キリストだ」と考えたし、一方、ルターたちは、「ローマの教会制度そのもの、ローマ教皇《きょうこう》そのものが偽キリストだ」と言っています。「偽キリスト」の応酬《おうしゅう》が、キリスト教のなかでも起きるようになったのです。

いつもそうです。キリスト教は、いつも、偽キリストを用心し、それらしい人を火あぶりにして殺すような、血なまぐさい宗教としてやってきたのです。要するに、「迫害《はくがい》された者が、今度はほかの者を迫害する」ということの繰《く》り返しでしたね。

ですから、グノーシス派の消滅とマニ教への迫害とは、かなり連動していたのではないかと思いますね。つまり、霊的なものを説く宗教への迫害です。グノーシス派そのものは、キリスト教の修正と立て直しのために、ヘルメスという方がそうとう力を入れていたはずなのですが、現世の教会制度から、異《い》端《たん》と判断されて弾圧《だんあつ》され、滅《ほろ》びたと思われます。

当時、すでにキリスト教は、非常に政治的な存在になっていたのです。

“正統派宗教”から反撃《はんげき》されるのは、改革者の宿命

私《わたくし》（マニ）は、キリスト教徒に迫害されたというよりも、正統派ゾロアスター教から迫害をされました。生きているうちに世界宗教になったのに、最後は、エルサレムに入城したイエスのごとく捕《つか》まり、そして、偽キリストのような扱《あつか》いを受けて、さらし者にされました。いわゆる絞首刑《こうしゅけい》のようなものでしょうか。

体を上半身と下半身に分断され、町の二カ所の入り口に上半身と下半身を吊《つ》るされて、さらし者にされたのです。つまり、「間違った宗教を説く者は、こ

ういう目に遭《あ》うのだ。二度とこのような者を出してはならない」というような警告として使われたわけです。

さらに、体を半分に割られただけではなく、「生皮《なまがわ》を剝《は》がす」という、悪魔の所業《しょぎょう》としか思えないようなこともされました。「皮まで剝がされる」という非常に醜《みにく》い姿で吊り下げられたのが、私の最期《さいご》であり、イエス・キリストの最期よりも、もっといじめられたと言うべきかもしれません。

ただ、マニ教は、マニの死と同時に滅びたわけではなく、まだ残留はしていました。中国においても、姿を変え、いろいろと生き延びていたと思われます。だから、教えそのものの一部は生き延びていたということですね。

だから、仏教やゾロアスター教、キリスト教、エジプト系の宗教など、いろいろな宗教を含《ふく》めた、本当の世界宗教ではあったのですが、まあ、いいところを取って集めたつもりでいたところ、「それぞれの宗教から反撃《はんげき》を受ける」というかたちになりました。

あなたがたも気をつけないといけないと思います。世界宗教になるというのは、うれしいけれども、その反面、敵が大きくなってくるので、怖《こわ》いところもあります。

短期間で大きくなると、敵も大きいものが出てきます。こちらが小さいうちは、安心していますが、大きくなると、敵になってくることがあるのです。

私の場合、敵になって出てきたのは、キリスト教会や正統派のゾロアスター教でした。今で言えば、キリスト教もあれば、イスラム教もあれば、その他、仏教などの宗教もあるかもしれませんが、正統派といわれるものから反撃を受けることがあるのです。これは改革者の宿命ですね。

まあ、そんなところですが。

C——　ありがとうございます。

8 エンリル同様、「人類を処罰《しょばつ》すべし」という考えか

C――　先日、エンリルという方から、「ゾロアスター、マニ、マヌといった方々は、『人類を処罰《しょばつ》すべし』という考えを持っている」と伺《うかが》いました（『「宇宙の法」入門』〔幸福の科学出版刊〕第1章参照）。

ゾロアスター様は、現在の人類を、どのようにご覧になっているのでしょうか。やはり、「人類よ、滅《ほろ》ぶべし」とお考えでしょうか。

ゾロアスター　まあ、それは、エンリルが、「処刑《しょけい》された者は必ず復讐《ふくしゅう》する」

料金受取人払郵便

荏原支店承認

1052

差出有効期間
平成24年9月
30日まで
(切手不要)

1 4 2 - 8 7 9 0
4 5 6

東京都品川区
戸越1丁目6番7号

幸福の科学出版(株)
愛読者アンケート係 行

フリガナ お名前	男・女	歳
ご住所 〒 都道府県		
お電話 (　　　) —		
e-mail アドレス		
ご職業 ①会社員 ②会社役員 ③経営者 ④公務員 ⑤教員・研究者 ⑥自営業 ⑦主婦 ⑧学生 ⑨パート・アルバイト ⑩他 (　)		

ご記入いただきました個人情報については、同意なく他の目的で使用することはございません。ご協力ありがとうございました。

愛読者プレゼント☆アンケート

『ゾロアスターとマイトレーヤーの降臨』のご購読ありがとうございました。今後の参考とさせていただきますので、下記の質問にお答えください。抽選で幸福の科学出版の書籍・雑誌をプレゼント致します。(発表は発送をもってかえさせていただきます)

1 本書をどのようにお知りになりましたか。

①新聞広告を見て［朝日・読売・毎日・日経・産経・東京・中日・その他（　　　　　）］
②その他の広告を見て（　　　　　　　　　　　　）
③書店で見て　④人に勧められて　⑤月刊「ザ・リバティ」を見て
⑥月刊「アー・ユー・ハッピー?」を見て　⑦幸福の科学の小冊子を見て
⑧ラジオ番組「天使のモーニングコール」「元気出せ！ ニッポン」を聴いて
⑨BSTV番組「未来ビジョン」を視て
⑩幸福の科学出版のホームページを見て　⑪その他（　　　　　　　）

2 本書をお求めの理由は何ですか。

①書名にひかれて　②表紙デザインが気に入った　③内容に興味を持った
④幸福の科学の書籍に興味がある　★お持ちの冊数＿＿＿＿冊

3 本書をどちらで購入されましたか。

①書店（書店名　　　　　　　　）②インターネット（サイト名　　　　　　　）
③その他（　　　　　　　　）

4 本書へのご意見・ご感想、また今後読みたいテーマを教えてください。

(なお、ご感想を匿名にて広告等に掲載させていただくことがございます)

5 今後、弊社発行のメールマガジンをお送りしてもよろしいですか。

はい（e-mailアドレス　　　　　　　　　　）・いいえ

6 今後、読者モニターとして、お電話等でご意見をお伺いしてもよろしいですか。(謝礼として、図書カード等をお送り致します)

はい・いいえ

弊社より新刊情報、DMを送らせていただきます。
新刊情報、DMを希望されない方は下記にチェックをお願いします。

DMを希望しない □

と思っているということなのでしょうが、うーん……。

まあ、私と彼とは、完全な仲間ではないのです。

人々が正しい宗教に帰依《きえ》していくなら問題はないと思いますが、例えば、悪《あく》魔《ま》の教えがあまりにも広がったり、悪魔の教えではないにしても、今言ったように、宗教があまりにも複雑化・多様化して、闘争《とうそう》や殺し合いを繰《く》り返すようになったりするのであれば、人類にとって迷いになるところはあるかなと思います。

その意味では、「何らかの浄化《じょうか》活動は必要なのかな」という気がしないわけではありませんけどもね。

ただ、「人類、滅ぼすべし」と言うと、非常に人聞きが悪いので、それはエンリルの思想ではないかと思います。私《わたくし》の考えは、必ずしも彼と同じではなく、どちらかといえば、仏教のほうに近いのです。

私も滅ぼされたことはあるけれども、「人類、滅ぶべし」というのは、どうですかねえ。ま、イエスが処刑されて、ユダヤの国は千九百年間も滅びていましたが、私《わたくし》はそこまでは思っていないですね。

いやあ、ひどいことを言う人がいるものですね（会場笑）。ちょっと、それは本人の承諾《しょうだく》を得ていないです。ひどいことを言われ放題ですね。だから、私《わたくし》は霊言《れいげん》が嫌《きら》いなのです（会場笑）。もう、みな勝手なことを言うのでね。

確かに、二元論には、基本的に、正邪《せいじゃ》を分ける傾向《けいこう》があるので、迫害《はくがい》されることもあれば、迫害することもあります。その意味においては、そういうところもあるのかもしれませんが、「人類を滅ぼすつもりなのか」と言われれば、ちょっと異論がありますね。

私は、そんなつもりはありません。「正しい心に立ち返ってもらいたい」と考えているということです。

先ほど、中国の話もしましたが、地上に生きている人類の多くが無明《むみょう》のなかに生きているときには、やはり、明かりをともして照らさなくてはいけません。その明かりを消しにかかってくる者に対しては、ある程度、何らかの反作用が起きてもしかたがないとは思いますけれども、積極的に滅ぼしたいとまでは考えていません。

それは、おそらく、他の方の考えではないかと思います。

C——　はい。ありがとうございます。

9　世界宗教を目指す「幸福の科学」へのアドバイス

C――　今、幸福の科学は、全世界を照らすために、世界宗教を目指しております。最後に、私たち信者に対して、何かメッセージがありましたら、賜《たまわ》りたいと思います。よろしくお願いいたします。

まだまだ本来の使命を果たせていない

ゾロアスター　そうですね。うん。まだまだですね。

今、幸福の科学が地上からなくなったとしても、キリスト教も微動《びどう》だにしないし、イスラム教も微動だにしないし、ユダヤ教も微動だにしないし、ヒンズー教も微動だにしない。

仏教も、おそらく、あのお寺のスタイルのままで、衰退《すいたい》しつつも生きていくだろうし、邪教も含《ふく》めたさまざまな新宗教も次から次へと出続けるという状態は続くでしょうね。その意味では、あなたがたは、まだまだ本来の使命を果たせてはいないと思います。

本来の使命を果たすために、急いで拡張しなければなりませんが、同時に、迫害が起きてくることも考えられるので、いちおう覚悟《かくご》をした上で、やらなければなりません。

しかし、その迫害を恐《おそ》れて、信仰心《しんこうしん》を売り渡《わた》すようなことがあってはならないと思います。

ただ、信仰心を売り渡す人が、みな、悪魔の手先や悪魔の餌食《えじき》になったというわけではありません。そうではなくて、この世のルールやこの世の常識、新聞や週刊誌やテレビなどの考え方、世間に蔓延《まんえん》している普通《ふつう》の考え方、平凡《へいぼん》な人間の考え方などに、信仰心を売り渡してしまうのです。

つまり、見も知らぬ世界の話よりも、現実の世界で活字になっている新聞や週刊誌、映像に映って国民が見ているテレビなどのほうが真実性が高く見えて、「それらから悪く言われるものが信じられなくなり、肩身《かたみ》が狭《せま》くなって逃《に》げる」というスタイルになるんですね。

だから、「悪魔の餌食になった」とは必ずしも言えないけれども、「真実がこれほどまで近くに来ているのに、分からないでいる」というのは、残念なことです。

殺人事件や交通事故は毎日のように報道されています。株価が下がっても報道されるし、地震《じしん》が起きたり津波《つなみ》が来たりしても報道されるし、オリンピックがあっても報道されています。しかし、救世主が現れて正しい教えが説かれても、報道されることはない。ま、そういうことですよね。

報道しないこと自体でもって、もうすでに、そうとうな偏向《へんこう》がなされているわけですが、まあ、メリットがあるとすれば、「報道されないことで、急速な迫害を受けずに済んでいる」ということでしょう。これが、かすかなメリットではありましょうか。

ただ、日本の国民性を、もう少し変えなければいけないと思いますね。

迫害《はくがい》を恐《おそ》れず、この世的に用心しながら前進を

注目されんがために、「不幸の予言」をあまり多用しすぎると、今度は迫害《はくがい》を生むことにもなるので、一定の抑《おさ》えは必要かと思います。ただ、本当に霊的になってくると、抑えが利《き》かなくなってくることもあるので、気をつけなければならないと思いますね。

例えば、今、あなたがたは、宇宙人も探究しています。確かに、宇宙人は、地球に来ているし、さまざまな接触《せっしょく》もしていますが、彼らは、姿を隠《かく》したり、接触した人の記憶《きおく》を消したりしています。正々堂々と現れたら、戦争になるからですよ。だから、これと似たようなところが、やはり、宗教にもあるという

ことですね。

ですから、あなたがたは、この世でもきちんと理解される面も、一部には、持っていなければいけないと思います。要するに、「現代的にもある程度通用する部分を一定の割合で含んでおりながら、信仰の世界の深みをきちんと持っている」ということが大事なのです。

また、「国際伝道においては、世界の人々に通じる言語で伝えられる」ということも大事であると思いますね。

次は、おそらく……。でも、今はまだ、既成《きせい》の伝統宗教から新しい新興宗教まで、本当の敵は現れていないかもしれないので、十分な備えは必要かと考えます。

さらに、急速に拡大するものは、会社であれ、国であれ、宗教であれ、軍隊であれ、何であれ、組織に矛盾《むじゅん》が現れて苦しくなるので、よくよく、運営に努力をしなければならないと思いますね。

だから、まあ、今まで「ゾロアスターの霊言」が出なかったのは、よかったと私は思いますよ。今どき日本でゾロアスター教を説いたら大変なことになるので、出さなくてよかった。それは、賢明《けんめい》な判断だったのではないでしょうか。「ゾロアスターの霊言」が出ることで、怪《あや》しさがまた一段と増すとは思いますけれども（笑）、ま、真理探究のために行《おこな》っているわけですから、「そのへんは分かっている」という、ある程度の信頼感《しんらいかん》が必要でしょうね。

最後に、「迫害を恐《おそ》れてはならないけれども、この世的にきちんと用心しつつ、前進していかなければいけない」ということを言っておきたいと思います。

あなたがたが大きくなればなるほど、出てくる敵も大きいと思いますね。おそらく、政治関連の敵も出てくると思われます。有名になるのと迫害されるのとは、紙一重《かみひとえ》かと思います。政治には、要するに、法律を使って攻《せ》めてくるものや軍隊を使って攻めてくるものには、十分な注意が必要だと考えます。

どうか努力してください。

C――　本日はまことにありがとうございました。

［注1］マヌは、インドでは人類の始祖として伝えられている。九次元存在。『太陽の法』第1章・第5章、『神々が語る レムリアの真実』第2章・第3章参照。

［注2］エンリルは、約四千八百年前の古代シュメールの指導者で、大気《たいき》・嵐《あらし》の神として有名。九次元存在。荒神《あらがみ》、祟《たた》り神の系統であるが、もともとは三億数千万年前にマゼラン星雲ゼータ星から地球に移住したレプタリアン（爬虫類《はちゅうるい》型宇宙人）である。『太陽の法』第1章、『「宇宙の法」入門』第1章参照。

［注3］オフェアリス（オシリス）は、エル・カンターレの分身の一人。九次元存在。六千数百年前のギリシャに生まれ、当時、ギリシャの支配圏《けん》に入って

経済・経営編

ザ・ネクスト・フロンティア 公開霊言 ドラッカー＆アダム・スミス 1,470円

未来産業のつくり方 公開霊言 豊田佐吉・盛田昭夫 1,470円

新・高度成長戦略 公開霊言 池田勇人・下村治・高橋亀吉・佐藤栄作 1,365円

アダム・スミス霊言による「新・国富論」
同時収録 鄧小平の霊言 改革開放の真実 1,365円

未来創造の経済学 公開霊言 ハイエク・ケインズ・シュンペーター 1,365円

ドラッカー霊言による「国家と経営」
日本再浮上への提言 1,470円

景気回復法 公開霊言 高橋是清・田中角栄・土光敏夫 1,260円

富国創造論 公開霊言 二宮尊徳・渋沢栄一・上杉鷹山 1,575円

松下幸之助 日本を叱る 天上界からの緊急メッセージ 1,365円

教育編

霊性と教育 公開霊言 ルソー・カント・シュタイナー 1,260円

福沢諭吉霊言による「新・学問のすすめ」 1,365円

宗教・スピリチュアル編

宗教イノベーションの時代 目からウロコの宗教選び② 1,785円
立正佼成会創立者・庭野日敬、真如苑教祖・伊藤真乗、
創価学会名誉会長・池田大作（守護霊）霊言

宗教決断の時代 目からウロコの宗教選び① 1,575円
統一協会教祖・文鮮明（守護霊）、創価学会初代会長・牧口常三郎 霊言

世界紛争の真実 ミカエルvs.ムハンマド 1,470円

エクソシスト入門 実録・悪魔との対話 1,470円

宇宙人からのメッセージ編

宇宙人リーディング よみがえる宇宙人の記憶 1,365円

宇宙人との対話 地球で生きる宇宙人の告白 1,575円

「宇宙の法」入門 宇宙人とUFOの真実 1,260円

幸福の科学グループ
創始者 兼 総裁

大川隆法《おおかわりゅうほう》「法シリーズ」

太陽の法　エル・カンターレへの道

2,100円

創世記や愛の発展段階、悟りの構造、文明の流転、多次元宇宙の神秘を明快に、かつ体系的に説き明かした仏法真理の基本書。全世界に愛読者を持つ現代の聖典。

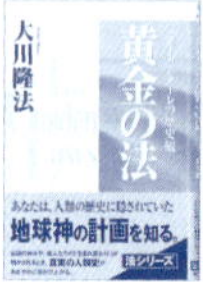

黄金の法　エル・カンターレの歴史観

2,100円

あなたの常識を覆す、壮大なスケールで開示された過去・現在・未来の真実！　偉人たちの転生を西洋、東洋、日本に分けて解説し、人類の未来をも予言した空前絶後の人類史。

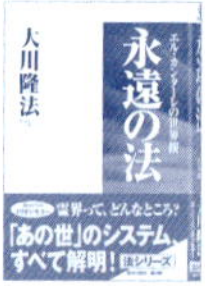

永遠の法　エル・カンターレの世界観

2,100円

死後まもない人が行く世界から、神秘のベールの向こう側にある救世主の世界まで――。これまで隠されていた「霊界」の全貌を明らかにした衝撃の書。

繁栄の法　未来をつくる新パラダイム
1,680円

奇跡の法　人類再生の原理
1,680円

常勝《じょうしょう》の法　人生の勝負に勝つ成功法則
1,890円

大悟《たいご》の法　常に仏陀と共に歩め
2,100円

幸福の法　人間を幸福にする四つの原理
1,890円

成功の法　真のエリートを目指して
1,890円

神秘の法　次元の壁を超えて
1,890円

希望の法　光は、ここにある
1,890円

復活の法　未来を、この手に
1,890円

生命《いのち》の法　真実の人生を生き切るには
1,890円

勇気の法　熱血火の如くあれ
1,890円

創造の法　常識を破壊し、新時代を拓く
1,890円

※価格はすべて税込みです。

いたエジプトへ行き、王になった。『愛から祈《いの》りへ』第4章、『女神《めがみ》イシスの降臨』参照。

［注4］ホルスは、エジプト神話に登場する「天空と太陽の神」。オシリスとイシスの子。父オシリスの後を継《つ》いで現世の統治者となったため、歴代ファラオはホルスの化神《けしん》とされる。現代日本に、大川家の次男・真輝《まさき》として転生《てんしょう》している。『女神イシスの降臨』参照。

［注5］アモン・ラーは、古代エジプトでは太陽神《しん》とされるが、約一万年前、アトランティスからエジプトへ文明を伝えた実在の人物。現代日本に、大川家の長男・宏洋《ひろし》として転生している。『太陽の法』第5章、『アトランティス文明

の真相』第1章、『現代の法難③』参照。

［注6］トスは、エル・カンターレの分身の一人。九次元存在。約一万二千年前のアトランティス大陸に生まれ、文明の最盛期を築いた。古代エジプトでは「トートの神」として知られている。『太陽の法』第5章参照。

［注7］ヘルメスは、エル・カンターレの分身の一人。九次元存在。約四千三百年前のギリシャに生まれ、地中海文明の基礎《きそ》をつくった。『愛は風の如《ごと》く（全四巻）』『愛から祈りへ』『信仰のすすめ』参照。

※参照書籍は、いずれも大川隆法著、幸福の科学出版刊。

第2章

「光のプリズム」の使命

――マイトレーヤーの霊言《れいげん》――

二〇一〇年三月二日　霊示

マイトレーヤー

天上界《てんじょうかい》で、仏の光のプリズム化を担当し、慈悲《じひ》の具体化の活動をしている九次元存在。神智学《しんちがく》においては、さまざまな宗教や神秘主義、オカルトの奥義《おうぎ》を体得した大師《マスター》の一人とされている。『太陽の法』第1章・第4章・第5章参照。

［質問者三名は、それぞれD・E・Fと表記］

1　「九次元如来《にょらい》マイトレーヤー」を招霊《しょうれい》する

大川隆法　午前中の「ゾロアスターの霊言《れいげん》」に続きまして、「マイトレーヤーの霊言」を収録したいと思います。

この「マイトレーヤー」という方は、『太陽の法』で紹介《しょうかい》されているものの、霊言等が出ていない九次元存在の一人です。また、『太陽の法』以外では何の言及《げんきゅう》もしていません。

したがって、この際、霊言を行い、九次元霊十人を検証しておきたいと思います。

マイトレーヤー如来《にょらい》というのは、神智学《しんちがく》のほうでよく出てくる、わりに有名な方なのですが、私のほうは、『太陽の法』を書いて以降、特に交渉《こうしょう》はありません。

最近では、ベンジャミン・クレームという人が、「マイトレーヤーが降臨する」というようなことを言って、全世界を回っているようでもあります。あるいは、仏教のなかにも、「釈迦没後《しゃかぼつご》、五十六億七千万年後にマイトレーヤー（弥勒《みろく》）が降臨して、次の仏陀《ぶっだ》になる」というような説も、一部にありますが、これも、年数のあまりの大きさゆえに、特に追究、探究はせず、未確認情報として放置しています。

このマイトレーヤーという名前自体は、もともと、インドの「マイトリー」という言葉から来ているはずです。マイトリーとは、慈悲《じひ》の「慈」（慈《いつく》しむ）

という意味です。ですから、これにちなんだ名前はたくさんあります。

私は「マイトレーヤーは九次元如来である」と言っていますが、おそらく、他の次元にも「マイトレーヤー」と称《しょう》する方は存在するだろうと思われますし、女性でマイトレーヤーを名乗る方も多いように感じられます。それらが、全部、嘘《うそ》だとも思えません。なかには、本物もいるかもしれません。

本日は、そのへんの「不思議」について、まだ探究が十分でないところを調べてみたいと思います。

結果的に、どのような内容になるか、分かりません。また、どういう方が現れてくるのか。マイトレーヤーは、本当に男性なのか、はたまた女性なのか、あるいは中性なのか。正直に言って、まだ、十分に分析《ぶんせき》はできておりません。

ただ、この二十数年間、特に、指導霊というかたちで出てきていないことは確かですので、何かほかの仕事をなさっておられるはずです。

そのへんのことを、インタビュアーが上手に引き出せるとよいと思います。『太陽の法』には、「マイトレーヤー如来は、ここ一万年ほどは、あまり地上に出ておりません」とも書いてありますが、もしかしたら、この世に出ていらっしゃる可能性もないわけではありません。

そのへんを上手に追究すると、あるいは、予期しない名前が出てくる可能性もあります。

前置きは、そのぐらいにします。

「マイトレーヤーの霊言」は、本邦《ほんぽう》初公開です。どうか、多数いるマイトレーヤーが、全部、出てこないで、九次元の方だけが出てきてくださいますことを祈《いの》りたいと思います（笑）。

（瞑目《めいもく》し、胸の前で両手を交差させ、深呼吸を四回行う）

九次元霊マイトレーヤー、ご降臨ください。
九次元霊マイトレーヤー、ご降臨ください。
九次元霊マイトレーヤー、ご降臨たまいて、幸福の科学を指導したまえ。
九次元霊マイトレーヤー、ご降臨たまいて、幸福の科学を指導したまえ。
九次元霊マイトレーヤー、ご降臨たまいて、大川隆法を通じて、教えを説きたまえ。

（約六十秒間の沈黙《ちんもく》。瞑目のまま、椅子《いす》の背もたれに、倒《たお》れるようにもたれかかる）

マイトレーヤー　マイトレーヤーです。

D――　マイトレーヤー様、このたびは、ご降臨たまわり、まことにありがとうございます。私は、幸福の科学第一編集局の○○と申します（収録当時）。質問させていただきます。

大川隆法総裁のご解説によりますと、「『マイトレーヤー』と称する方は、九次元以外の他の次元にも存在すると思われる」とのことでございます。

まず前提といたしまして、たいへん失礼ながら、あなた様は、「九次元存在のマイトレーヤー」でいらっしゃいますか。そのように認識し、話を進めさせていただいてよろしいでしょうか。

マイトレーヤー　うん。よい。

D――　ありがとうございます。

2　マイトレーヤーの仕事について

近年、神智学《しんちがく》の祖・ブラヴァツキー夫人として生まれた

D――　大川隆法総裁、すなわち主エル・カンターレの教えによりますと、マイトレーヤー様は、十人の九次元大霊《たいれい》のなかで、「仏の光のプリズム化、神の光のプリズム化を担当されている」と学んでおります。

本日は、「特別に、仏の光のプリズム化を象徴《しょうちょう》したパワーストーンを中央に置いてお呼びするように」というご教示を大川総裁より頂き、ここに設置いた

しております。

マイトレーヤー　うん。

D――　私たちは、マイトレーヤー様について、「仏の光のプリズム化を担当されている」ということ以外は、あまり伺《うかが》っておりません。大川総裁が説かれるいろいろな教えにもほとんど登場されないため、二十数年間、ひたすら、どのようなお方かを考え、それが明かされるのを期待しておりました。

本日、よろしければ、「地上に出ておられないときに、高次元世界で、どのようなお仕事をしておられたのか。また、現在のお仕事は何か」ということにつきまして、ご教示を賜《たまわ》れれば幸いに存じます。何とぞよろしくお願い申し上げます。

マイトレーヤー　うーん。

（約十秒間の沈黙《ちんもく》）

うん。

（約五秒間の沈黙）

実は、私は、「両性具有《ぐゆう》」であり、男性でも女性でもあります。すべてのものを、さまざまな輝《かがや》きに変え、色付け、現象化させることをもって、その仕事としております。

近年でも、実は出ております。私は、あなたがたが先ほど話をしていた、神《しん》智学《ちがく》の創始者、ブラヴァツキー夫人として肉体を持ちました。

ですから、直前世は女性です。しかし、全部が女性ではなく、男性も女性も、両方の肉体に宿っております。

「時代精神の具象化」が私の仕事

私の仕事は、「神の光の多様性」を明らかにすることです。「神の光が、どのようなかたちで現れたのか」を表すのが仕事です。

あなたがたは、「宗教の融和《ゆうわ》」とか、「宗教の統一」とか言っていますが、私は、逆に「宗教のプリズム化」ということを通して、一《いっ》なるものが多面的に現れていることを示す役割をしています。

また、九次元霊や八次元如来《にょらい》が、地上において、宗教や哲学《てつがく》、思想、芸術、文学、政治、軍事、経済等の使命を果たすときに、それぞれの者に時代的特性を与《あた》える仕事をしています。

つまり、私の仕事は、「時代精神の具体化、具象化」です。

今の時期に何が必要か。

例えば、少し前であれば、哲学が必要とされた時代もあります。科学が必要とされた時代、経済が必要とされた時代、いろいろな時代が、近現代でもありましたが、それぞれの時代精神の具象化のために、天上界《てんじょうかい》の人を選んで地上に送り、特色ある活動をなさしめております。

これが、私の「プリズム化」の仕事です。

私は「エル・カンターレの補助者」であり、「無個性」の存在

D――　今、お話を伺っておりますと、そうとう大局的、長期的な視点から、人類の発展や進化等の世界計画を考えておられるお立場と理解いたしました。

そうしますと、今、私たちの主であるエル・カンターレが地球系霊団の最高大霊として、新文明の創造のお仕事を中心に人類を指導してくださっておりますが、非常に近いお立場で仕事をなさっておられると理解してもよろしいのでしょうか。

マイトレーヤー　私自身の仕事は、「特定の宗教を起こす」というよりは、「エ

ル・カンターレの光を、どのような色彩《しきさい》で、その文明に降ろすか」というような補助的な役割をしております。

ですから、私自身は、ある意味で無個性です。個性ある存在ではありません。そうではなく、光の多面化をなし、その神の一面を見せる仕事、計画にかかわっています。

D――　ありがとうございます。

今、九次元如来マイトレーヤー様が、この地球をご覧になったとき、いちばんご関心のあること、あるいは、お心のなかで計画されている青写真のなかで、強く願われていることは何でしょうか。

マイトレーヤー　「この地球が、はたして、人類の魂《たましい》の修行場《しゅぎょうば》として続いていけるかどうか」、今、その瀬戸際《せとぎわ》にあると考えています。

主エル・カンターレ下生《げしょう》ということは、「最後のカードが切られた」ということです。この事業に失敗は許されないのです。

3 マイトレーヤーは「帝釈天《たいしゃくてん》」なのか

D――　大川隆法総裁が著《あらわ》された、『宗教の挑戦《ちょうせん》』（幸福の科学出版刊）という経典《きょうてん》があります。

そこに、「九次元存在のマイトレーヤー如来《にょらい》は、『阿含経《あごんきょう》』や『八千頌般若経《はっせんじゅはんにゃきょう》』に登場する、インドラ（帝釈天《たいしゃくてん》）という霊《れい》存在であり、インドの神々の長である」と説かれております。

神智学《しんちがく》創始者のブラヴァツキー夫人としてお生まれになる前には、天上界《てんじょうかい》より、エル・カンターレのご分身であるゴータマ・シッダールタをご指導なさったのでしょうか。

マイトレーヤー　あなたがたの教えに、多少、間違《まちが》いが混入しています。高橋《たかはし》信次《しんじ》の影響《えいきょう》で、ブラフマーを少し低いレベルで捉《とら》える思想が出ております。

インドの本来の思想では、ブラフマーは、マヌを遣《つか》わせたブラフマーであって、「天帝《てんてい》」とも訳されているものです。

つまり、このブラフマー、天帝は、本来の意味から見て、エル・カンターレそのものでなくてはなりません。

ですから、仏典によく出てくる、人間的な姿をしてゴータマ・シッダールタに語りかける神としての梵天《ぼんてん》、ブラフマーは、この天帝、創造の神としてのブラフマーではなく、その補助者としてのブラフマーであると考えられます。

まあ、それを帝釈天のように言う場合もありますが、帝釈天や大梵天などは、やや意味不明の存在として扱《あつか》われています。

ゴータマ・シッダールタが悟《さと》りを開いたときに、霊的に指導した者は、もちろん一人ではありません。本人の魂《たましい》の兄弟も現れておりますし、他の九次元霊も現れています。また、インドの過去の神々も現れています。

ですから、私自身が、直接に、ゴータマを具体的にいろいろと指導したというのは、多少、疑問があります。

おそらく、ゴータマを目覚めさせた際に現れたる者は、あなたがたがまだ知らないエル・カンターレの側面だと思います。

4　幸福の科学の教えを利用する邪教団《じゃきょうだん》の霊的《れいてき》背景

D――　私からの最後の質問です。

「マイトレーヤー如来《にょらい》は、今から一万五千年ほど前、アトランティスという大陸があった時代に、聖クザーヌスという名でお生まれになっている」と学んでおります。

現在、この日本におきまして、幸福の科学の教えを利用して教勢を広げている団体があります（収録当時）。

その団体の中心人物は、「自分は聖クザーヌスの妃《きさき》であった」と言って、間《ま》違《ちが》った教えを広めています。

マイトレーヤー様は、これについて、どのようにお考えでしょうか。よろしければ、お教えください。

神智学《しんちがく》を学んでいた高橋信次《たかはししんじ》

マイトレーヤー　その団体の中心にいるのは、高橋信次《たかはししんじ》の教えを学んだ者かと思われます。
高橋信次は、実はオリジナルな法を説いたわけではなく、仏教を一部取り入れて、仏陀《ぶっだ》のように振《ふ》る舞《ま》って教えましたが、その前は、神智学《しんちがく》を研究する会にも入っていました。

私たちブラヴァツキー以下の者たちがつくった十九世紀の神智学や、その流れを汲《く》む二十世紀のルドルフ・シュタイナーらの人智学《じんちがく》等の神秘思想を研究する団体に所属して、私たちが発表していたものを学んでいたため、神智学と仏教を併《あわ》せた側面を教えのなかに持っていました。

そのため、一般《いっぱん》の信者から見ると、仏教のように見えながら、そうした霊界《れいかい》の神秘学を説くようにも見えたのです。

彼は、会員として、私の研究を学んでいますので、それが彼の宗教の教えに一部入っております。ですから、その宗教に関心を持った者は、アトランティスやムー、ラムディアなどに関心を持つ傾向《けいこう》が出てくるわけです。

それは、ここだけではありません。アメリカやヨーロッパ、その他の所でもチャネリング等を通して、アトランティスやムーなどがあった話がたくさん出ておりますので、まあ、二十世紀の表に書かれない歴史として、裏には流れていたものです。

なお、ブラヴァツキーとして神智学を説いた私を指導していたのは、トスです。

それで、「その団体が、私と関係があるか」ということですか。

D――　はい。

マイトレーヤー　ですから、神智学的なところに関心がまだ残っていて、そこから幸福の科学が離《はな》れていったことを不満に思ってやっているのではないかと思います。

ヒトラーに利用された、シュタイナーの人智学《じんちがく》

神智学も途中《とちゅう》から曲がり込《こ》んでいっており、神智学から分派したルドルフ・シュタイナーも、よかったところと間違ったところの両方があります。よかったところは、霊的世界をさまざまに探究し、伝えたことです。間違ったところは、アドルフ・ヒトラーに利用されたことです。ヒトラーはルドルフ・シュタイナーの教えのなかから、「アトランティス人が現世《げんせ》に多数生まれ変わっている」ということを学びました。

そして、「この世的な人種として見れば、アーリア人こそ、アトランティス人の末裔《まつえい》である。自分たちはアーリア人の末裔であるから、純粋《じゅんすい》に優秀《ゆうしゅう》、優等

な民族である。これに対して、ユダヤ人は穢《けが》れた民族である」というような考え方を持つに至りました。

ただ、「アトランティス種がすべてアーリア種である」と言うのは問題があります。また、アーリア人は、インドにも多数住んでいましたから、それが、すなわちドイツ人というわけではなかったと思います。

また、この流れのなかで、「光と闇《やみ》」の考え方についても、ルドルフ・シュタイナーは、「ルシファーは『堕天使《だてんし》』と言われているが、本当は月の天使であって、堕落したわけではなく、神の使命を果たしている」というように、途中から言い出しています。

彼は霊能者であったので、〝いろいろなもの〟を受け始めていました。第二次大戦に協力してナチスの御用哲学《ごようてつがく》になったときに、かなり魔《ま》的なものの影響《えいきょう》を受けたと思われます。

先の大戦は「ミカエル対ルシフェル」の戦いだった

実は、ルシフェルとミカエルは、うり二つの双子《ふたご》の兄弟なのです。神の明るい光の面を見せているのがミカエルで、そのダークサイドがルシフェルです。「そのダークサイドが地獄《じごく》に堕《お》ちた」ということは、現代に至るまでの長い宗教の歴史のなかで認められてきたものです。

その意味において、先の第二次大戦は、「ミカエル対ルシフェルの戦いであった」と思います。

もともと双子であるので、ルシフェルは、「ミカエルが正しくて、自分が間違っている」という考えに納得がいかず、長い長い年月、闘争《とうそう》が繰《く》り返されているのです。

当時、ミカエルは、アメリカを中心とする連合国側についていました。ルシフェルは、ドイツがアメリカと戦い始めたため、途中からドイツに入っていきました。

また、先ほども言っていましたが（第1章参照）、ベリアルとも呼ばれたベルゼベフ、蠅《はえ》の王バアルもまた、ヒトラーたちに協力をしておりまして、宗教戦争の色彩《しきさい》がとても強かったのです。

もともとは、「ユダヤの神がいったい誰《だれ》であるのか」ということが原因であり、一神教の持つ問題であったと思います。

神は、光の神なのか。神は、光と闇を含《ふく》むものなのか。

「神は、光と闇の双方《そうほう》を含まなければ、全智全能とは言えない」という哲学から言えば、悪魔もまた神の性質の一つとなります。

しかし、「神は光であって、闇は光に反抗《はんこう》したもの」と見れば、二元論になります。これは、一見、正しいが、「神が悪魔と対抗することになって、神の全智全能性が失われる」という矛盾《むじゅん》をその内に含んでいるものであります。

まあ、先の大戦の裏には、そのようなものもあります。そういうものが、両方に〝ＤＮＡ〟として流れ込んでいて、善と悪とが、それぞれの背景に入っていたのです。

「宗教への迫害《はくがい》」が悪魔《あくま》の発生原因の一つ

ただ、今、あなたがたが問題としている宗教は、いわゆる悪魔《あくま》の入った宗教ですけれども、彼らの考えから見れば、「悪魔も神の一員」と考えているかもしれません。

要するに、「兄弟のなかに、出来のよい兄弟と、出来の悪い兄弟がいるだけだ」という思想が、その根っこにはあるわけです。

午前中に霊言《れいげん》をしたゾロアスターの教えのように「善悪二元」「光と闇の二元」と考える宗教と、日本神道《しんとう》のように「光一元」と考える宗教と、古代ユダヤ思想のなかにもあるように、「神は光をつくり、闇をもつくった」と考える宗教とがあるわけです。
現実には、日本の新宗教にも、悪魔のつくった宗教はたくさんあります。
それで、今、あなたが問われたところでは、私が何になっているのですか。

D――　その団体の中心人物は、「アトランティス時代、聖クザーヌスの妃として生まれた」と、主張しております。
しかし、先般、ゼウス様からは、「女悪魔アマリエルがその者を指導している」と教えていただきました（『神々が語る レムリアの真実』第1章参照）。

マイトレーヤー　おそらくは、クザーヌスの教えも何千年か続いたはずですので、その後、アガシャー[注1]たちを迫害《はくがい》するかたちになった過程で、数多くの悪魔をつくったのではないかと思われます。悪魔の発生原因の一つは、「宗教への迫害」です。つまり、神が送った救世主や大天使を迫害した者が悪魔になるのです。

おそらく、その者は、クザーヌスの流れのなかにある、アガシャー迫害者の群れのなかに存在しており、自らも悪魔と化した女性ではないかと思います。

D――　深遠なるご教示、まことにありがとうございました。

質問者を替《か》わらせていただきます。

5　核《かく》戦争で滅《ほろ》びた「オリオンの文明」

E――　本日は、尊い教えを賜《たまわ》りまして、本当にありがとうございます。私は、幸福の科学ヤング・ブッダ局（現・青年局、学生局）の○○と申します。

質問させていただきます。

聖典《せいてん》『太陽の法』では、マイトレーヤー様はマヌ様とともに、「二億七千万年前、オリオン座から地球に招かれた」と説かれていますが、先日、マヌ様からは、「その後、オリオンの文明は滅《ほろ》んだ」と伺《うかが》いました（『神々が語る レムリアの真実』第2章参照）。

オリオンとは、いったいどのような星であったのか、その当時の様子を教えていただければと思います。

宇宙人は「核《かく》戦争で地球が滅《ほろ》びること」を恐《おそ》れている

マイトレーヤー　核《かく》戦争で滅《ほろ》びました。だから、今、地球がそれに似た状況《じょうきょう》ですね。

まあ、核戦争ですね。核戦争が起きました。そして、「一部の者は、それから逃《のが》れた」ということです。

地球も、米ソが対立したときから、核戦争の危機が濃厚《のうこう》になってきたため、今、宇宙から数多くの宇宙人や円盤《えんばん》が飛来して、偵察《ていさつ》、警戒《けいかい》をしています。万

一、人類が核戦争を始めたときには、介入《かいにゅう》する準備が整えられているのです。

宇宙人は、あなたも知っているように、地球に数多く来ていて、種類的には「ワンダラー」と「ウォーク・イン」に区別されています。

ワンダラーは、自ら地球に来て転生《てんしょう》し、人間として生まれた宇宙人です。

ウォーク・インは、魂《たましい》として赤ん坊《ぼう》から生まれたわけではないが、途中《とちゅう》から、本人の意識に入り込《こ》んだ宇宙人の魂です。これがウォーク・インです。

おそらく、今、ワンダラーが増えていると思いますが、核戦争で地球が滅びたら、宇宙の人たちは、肉体修行《しゅぎょう》をする星がなくなってしまうので、これをとても恐《おそ》れています。そのため、UFOやさまざまな怪現象《かいげんしょう》を起こして、六十年以上、地球人に警告を示しています。

特に、広島や長崎《ながさき》に核爆弾《ばくだん》が落とされてからは、彼らの露出《ろしゅつ》は極端《きょくたん》に多くなってまいりました。今後、このようなことが起きたら、地球という星も終わりになるので、さまざまな介入を開始しています。

今、「アブダクション」といって、宇宙人に拉致《らち》された話が数多くありますけれども、これは〝駄目《だめ》な人〟を家畜《かちく》のように扱《あつか》っているだけではないのです。宇宙の人から見て、「地球のキーマンになる可能性がある」と思うような人たちもアブダクションしていて、そのなかに情報チップを植え込み、円盤から監視《かんし》、操作をしています。つまり、この地球が核戦争の危機に陥《おちい》らないような活動や仕事、行動をさせるための人間として混入させている場合も一部あるので、「全部、悪だ」とは言い切れないわけです。

それから、地球人が実際に核戦争を始めたら、彼らは、本当に介入してきて、仮想敵になるつもりでおります。

多少、侵略《しんりゃく》的に見えるかもしれませんが、宇宙から特定の国や都市を攻撃《こうげき》することによって、「宇宙の敵から、地球を守らなくてはならない」ということで、地球人同士の戦いが収まるように仕向けるでしょう。そうした、〝悪い役者〟の仕事をする覚悟《かくご》もできています。宇宙人も、悪なる者ばかりではなく、そこまで考えて行動しているのです。

だから、ここしばらく、先がどうなるかはまだ分からないので、今も注意を払《はら》っています。

質問はオリオンでしたね？　美しい星でしたけれども、われわれのような高度に知性的な者は、核戦争で滅びたと思います。

ただ、その後《ご》、年月《ねんげつ》を隔《へだ》てて、また他の星からの移住等で生息している者はいるかもしれません。

オリオンには「巨人族《きょじん》」「小人族《こびと》」「竜神《りゅうじん》」の三種類がいた

E――　オリオンの人々の特質といいますか、どのような姿形や個性であったかを教えていただければと思います。

マイトレーヤー　うーん、まあ、何種類かいたことはいたのですけれども、人間に近い者もいて、それは「巨人族《きょじん》」と「小人族《こびと》」とに大きくは分かれます。巨人族はとても大きく、二メートル五十センチから三メートルぐらいあります。小人族は一メートルちょっとしかない者ですね。これが大きく違《ちが》っていました。

あとは、何にたとえればよいか分かりませんが、あなたがたから見て、いちばん似ているものをあえて挙げるとするならば、オリオンには、今の地球の伝説で、「竜《りゅう》」といわれている生き物に近い存在がいました。この生き物は体を変身させる力があり、人間のような姿も取れるけれども、体を変化させて竜のようになることもあります。

また、宇宙間交流で、他の惑星《わくせい》から来ていたものも幾《いく》つかいました。

例えば、シリウスBには、〝青いキツネ〟が住んでいます。今、アフリカ中西部に残っているドゴン族という種族が、古来、神として崇《あが》めた宇宙人です。今、流行《はや》っている映画に「アバター」というものがあります。顔が青で、体がキツネで、直立しています。実に正確にドゴンの神を表していますね。彼らはシリウスBから来た方々です。シリウスの伴星《ばんせい》ですね。

このシリウスBの〝青いキツネ〟も、われわれの世界に来ていたと記憶《きおく》しています。

まあ、そういうことですが、オリオンから地球には、二種類《ふた》が飛来したと思います。一つは竜神型のもの、もう一つは小型の人間だと思いますね。「ピグミー」の元のようなものですね。

6　「地球における男女のあり方」をどう考えるか

E——　先ほど、マイトレーヤー様は、両性具有《ぐゆう》のご存在であると教えていただきました。現在、救世主の降りられている、この日本には、「男性が非常に女性化している。あるいは、女性が男性化している」というような現象が、一部にございます。

光のプリズム化を担当されているマイトレーヤー様からご覧になって、何か、ご意見やアドバイス等がございましたら、お教えいただければと思います。

地球の文明は実験期を迎《むか》えている

マイトレーヤー　まあ、文明にはいろいろなかたちがあって、男性中心の文明も、女性中心の文明もありえます。また、「男女の中間性を持った者が優秀《ゆうしゅう》だ」と言われている星もあるように聞いています。

だから、地球は、今、大きな実験期に差し掛《か》かっていると思います。

刀や槍《やり》、弓矢を使った個人的な戦闘《せんとう》が多いときには、力の強い男性が優位な時代が続くのは当然のことかと思います。

しかし、そうした時代が終わりを告げて、高度な文明・文化となり、機械や書類を使った仕事、あるいはコンピューターや電波を使った仕事が増えてきたため、男女の優劣《ゆうれつ》の差が基本的にはなくなってきております。また、感性の差も関係がなくなっており、主として知力の差だけの問題になってきております。そのため、現在は、女性も知力を伴《ともな》えば、男性に勝てる時代になっています。その過渡期《かとき》が「今」であり、文明が実験期を迎《むか》えて、どのような姿の社会が望ましいのか、いろいろな実験がなされているところです。

今は、昔のような武士の時代でもなくなっていますし、「どんな社会が可能性としてあるのか」を実験しているのです。

結婚《けっこん》も流動化しています。「縁《えん》ある夫婦が結婚し、子供を繰《く》り返し生んでいく」という昔の思想も、これだけ人口が急増し、他の惑星《わくせい》からのワンダラーやウォーク・イン、あるいは〝人間〟として、直接、現れている者などが出てきているなかで、今、かなり大幅《おおはば》な変化を受けているところですね。

善悪を決めるのが非常に難しい時期

人間のなかにも、「地球種の人間」と「宇宙種の人間」の両方がいるわけです。また、宇宙種の人間にも、最近まで、スペース・ピープル、スペース・ブラザーズであった宇宙の方と、はるか昔にはそうであったが、地球に帰化して長い者がいます。さらに、地球オリジンの人類種もいるため、今、地球には、いろいろな者が混在していますね。

要するに、今は、文明・文化の端境期《はざかいき》であり、善悪の価値観を決めるのが極《きわ》めて難しい時期だと思います。

ある意味で、伝統的な価値観は崩壊《ほうかい》していくと思います。けれども、今、善悪を決めるのは早すぎるため、それがどのような結果になるのか、百年、二百年と見ている状況《じょうきょう》ですね。

今、三次元では、「善とは何か。悪とは何か」を、天上界《てんじょうかい》においても明確に決められないような事柄《ことがら》が数多く起きていますね。

先ほど言ったアブダクションについても、他の霊人《れいじん》はみな、「悪」と決めつけていたようですが、私から見れば逆もあって、「人類のなかには、地球を未来型社会へと操作するために宇宙人から選ばれた者もいる」ということです。

それから、何千年か前に、あなたがたが、「神」と呼んだり「預言者」と呼んだりしている人のなかにも、実は宇宙から来た者がいて、実際には、宇宙人を「神」と呼んでいることもありました。人類種ではない者も「神」と呼んでいたのです。

新しい技術や、新しい文明・文化を地球にもたらした者を、人々が「神」と称《しょう》するのは当たり前のことであるので、「そういうこともある」ということですね。

ところで、あなたは、とてもよい名前（みろく）をお持ちですね。私の名前と同じ意味なのでしょう？

E――　はい。

マイトレーヤー　では、あなたも「〇〇・ブラヴァツキー」と名を変えたほうがよいかもしれませんねえ（会場笑）。きっと大きな使命があると思いますよ。

E――　ありがとうございます（笑）。

本日は、本当に尊い教え、秘められた教えをご教示くださいまして、心より感謝いたします。

エル・カンターレの教えを伝道すべく、精いっぱい、精進《しょうじん》してまいります。

それでは、質問者を替《か》わらせていただきます。

マイトレーヤー　はい。

7 「現象」についての考え方

F――　私のほうからは、二点ほど、質問させていただきます。

マイトレーヤー　はい。

F――　まず一点目でございます。

先ほど、直近では、「ブラヴァツキー夫人として生まれられ、神智学《しんちがく》の祖になられた」ということや、そのとき、特に、「トス神からの霊《れい》指導もあった」

と教えていただきました。

ブラヴァツキー夫人のご生前の著書には、サナト・クマーラ[注2]であるとか、モーリヤ大師（モーセ）であるとか、いわゆるエンリル系といいますか、そういう「裏側」[注3]の色彩《しきさい》が少なからず強かったような印象を受けております。

マイトレーヤー　そうですね。

F――　マイトレーヤー様は、現在、そちらの方面をどのように捉《とら》えておられるのでしょうか。教えていただければと思います。

「教え」と「現象」は、証明のための必要十分条件

マイトレーヤー　幸福の科学の最近の流れでは、そうした「裏側」が、みな、レプタリアン（爬《は》虫類《ちゅうるい》型宇宙人）系で、やや〝悪の権化《ごんげ》〟風に言われているように感じられます。

しかし、この世の人には、目で見、手で触《さわ》れるもの以外は信じないところや、神の言葉だけでは信じないところがあるので、「教え」と「現象」は、やはり証明の「必要十分条件」というか、「表と裏の役割」なのではないかと思うのです。

言葉だけなら文学でも書ける。しかし、それが、「神の啓示《けいじ》だ」と言うなら

ば話が違《ちが》う。例えば『旧約聖書』『新約聖書』が、文学的に書かれたるものか、神の啓示を受けて書かれたるものか、これは非常に大きな違いですね。

『新約聖書』の大部分、例えば、「共観福音書《きょうかんふくいんしょ》（マタイ伝・マルコ伝・ルカ伝）」と言われるような主要な福音書は、人間で書けるようなものが実は多いのです。ところが、そのなかに、「ヨハネの黙示録《もくしろく》」のような、読んでも意味の分からない、いわゆる幻視《げんし》というか、幻《まぼろし》を見たり聞いたりするような、預言的なものが入ってくると、知性的、理性的人間は理解不能に陥《おちい》りますね。

ただ、そうした「ヨハネの黙示録」のような、意味不明で、どのようにも解《かい》釈《しゃく》可能な詩編があることで、神秘性が増しているのです。

例えば、「悪魔《あくま》の数字『６６６』は、ローマ皇帝《こうてい》ネロに当たるのか、ローマ教皇に当たるのか、あるいは悪霊《あくりょう》に当たるのか」ということが、いろいろと議論されてきたし、「イエスが復活して、雲に乗ってやってくる」とか、「天の巻《まき》物《もの》に未来が予言されている」とか、不思議なことがいっぱい書かれていますね。こういう意味不明のものがあることによって、聖書文学が、啓示・黙示《もくし》の文学となって、神秘性を深めているわけです。これが大事なのです。あなたがたが読んで、全部、分かりすぎてもいけないわけですね。

その流れのなかの一つに、やはり、「現象」というものがあります。

釈尊《しゃくそん》も「六大神通力《じんつうりき》」を持っていた

ですから、現代人が失っている感覚が、数多くあるんですよ。

仏教だって、今は、ほとんど、お経《きょう》を中心とした教えになってしまっています。まあ、一部の修行《しゅぎょう》を、インド古来のヨガ系統の修行から取り入れてはいますが、その内容はお経になっております。しかし、明らかに、釈尊《しゃくそん》は六大神通《じんつう》力《りき》を持っていたはずです。これは、現代的に言えば、超能力《ちょうのうりょく》ですよね。

「六大神通力を持っていた」というのはどういうことでしょうか。釈尊は、現代的に言えば、テレパシー能力や透視《とうし》能力、予知能力、幽体離脱《ゆうたいりだつ》能力、タイムマシン的に過去や未来を見る能力、あるいは、一種の「分身の術」のようなものも使っていたと思われるんですね。

例えば、浄土《じょうど》経典のなかで、悪王である阿闍世《あじゃせ》に捕《とら》えられ、牢屋《ろうや》に入っている韋提希夫人《いだいけぶにん》のところに、釈迦《しゃか》の弟子《でし》が姿を現したり、釈尊自身が現れたりして、説教している部分が出てきます。これは、テレポーテーション能力、いわゆる瞬間《しゅんかん》移動能力があるか、自分の分身を現象化させる能力があったことを意味していますね。

また、イエスの直弟子《じきでし》たちも次々と逮捕《たいほ》されて牢屋に入れられたのに、天使がやってきて、牢の鍵《かぎ》を次々と開《あ》けて逃《に》がしていくような場面も『聖書』には出てきます。不思議な能力がいっぱい出てきますね。

こうしたものが、二千年、三千年の宗教の歴史のなかで伝えられなくなり、説明不能なので削《けず》られて消えていった流れがあるわけです。

その意味において、あなたは、実によく勉強していると思います。

確かに、私の著書には、モーリヤやサナト・クマーラや、そうした者が出てきます。これは、私が、主としてインドで研究していたこととも関係があるのです。日本に仙人《せんにん》・天狗《てんぐ》界があるように、インドにはヨガ仙人界が長らくあって、どちらかといえば、これがメジャーなんですね。

教えに基づく宗教というのは、比較的《ひかく》、活字というか、本が広がるころにできてきたもので、それ以前は無理だったのです。人々に信じさせるためには、やはり、超能力が有効であったということですね。

『聖書』だって今読めば、もう不思議なことがいっぱい書いてあります。何《なん》匹《びき》かの魚や何切れかのパンが何千人もの食欲を満たしたり、イエスの言うとおりに網《あみ》を投げると魚が山ほど獲《と》れたり、水の上を歩けたり、不思議な現象がいっぱい書かれていますね。

ですから、そうした現象は必ずしも否定すべきではないのです。現代においては、むしろ、それを否定するのが科学の主力ですから、あえてそういうことにも触《ふ》れたほうがいいし、インドのヨガ仙人たちのなかには不思議なことができる人がいっぱいいます。

実は、中国にもいるのです。あなたがたが「無神論、唯物論《ゆいぶつろん》」と思っている中国にも、そうした仙人や不思議な超能力者はいっぱいいて、中国も超能力の研究はしていますね。

はっきりと研究していないのは、むしろ日本のほうです。

現代的な「常識」に縛《しば》られている日本人

それから、軍事的にも、現代のいろいろな先進国では、超能力者を使って、敵の情報を探《さぐ》っていますね。

例えば、あれはイランでしたか？　かつて、イランのアメリカ大使館で人質事件があったときにも、アメリカは、透視能力者を使って、「人質がどの部屋に監禁《かんきん》されているか」などということを地球の裏側から透視させ、部屋の特定までして、人質を生かしたまま救うことを計画していました。

最近では、サダム・フセインが穴を掘《ほ》って隠《かく》れていましたね。あれは「現地の情報もあった」と言われているけれども、実は、アメリカの超能力捜査官《そうさかん》たちは、透視能力を駆使《くし》して探していて、いちおう、居場所をほぼ突《つ》き止めていたのです。

科学技術が進んだ先進国にも、そういう面はありますが、日本のほうは、とっても遅《おく》れておりますね。

だから、日本においても、そうした現象は必要だと思うし、それを信ずる心を失ったら、例えば、病気なども治らなくなります。日本に入っている西洋医学では、「病気は、薬を飲むか、切り取るかしなければ治らない」と思っていますね。

ところが、幸福の科学でも、最近、いろいろな病気が治り始めました。これは、科学的に説明なんかつかないですよ。説明はつかないけれども、神の偉大《いだい》な力から考えれば、「創りたるもの」が、いろいろなものを変えることぐらい、あるいは消すことぐらい可能だということですね。

日本人は、あまりにも現代的な「常識」に縛《しば》られていて、そうした超能力的なものを縛りすぎているので、少し打ち破ったほうがいいと思う。

私は、あなたが、私を裏側に分類しようとしているのを感じますけれども、私は「プリズム」ですから、無色透明で「裏も表も両方必要だ」という考えなのです。もし、それが必要でなければ、そういった人たちが九次元界に存在することは不可能なはずですので、一定の役割を果たしているんですよ。

8　明かされた「マイトレーヤーの転生《てんしょう》」

F――　最後にもう一点、質問させていただきます。

今、おっしゃられた「無個性」といいますか、「プリズム化」の関係で、「その時代に求められている姿や形で現れる」と、先ほど教えていただきましたが、そういう意味で、「アトランティスの時代に聖クザーヌスとして『理神論』[注4]を説かれた」ということが、非常によく理解できたように思います。

聖クザーヌスとしてお生まれになったのが一万五千年ほど前なのですが、できましたら、非常に幅《はば》の広い個性といいますか、多様性をお持ちであることの証明としまして、この約一万五千年の間に、どのような転生《てんしょう》をしてこられたのか、お教えいただければと思います。

マイトレーヤー　ハハハハ。

F――　もし、ブラヴァツキー夫人以外で……。

マイトレーヤー　ハハハハ。

F――　先ほどおっしゃっておられた、いわゆる、ある種の「無我」といいますか、多様性の証明のような意味合いで、ご紹介《しょうかい》いただける方はいらっしゃいますでしょうか。

もし、それが難しければ、先ほど、「預言者等のなかには、宇宙から来た方もいた」というお言葉も頂きましたので、どういう方がおられたのかを、地球の歴史の、ある種の膨《ふく》らみといいますか、多様性を理解する上で、ご教示いただければ、たいへんありがたいと思います。

マイトレーヤー　逆に質問してみましょう。

あなたが私の転生を当てられたら、あなたにも霊能力《れいのうりょく》があることが証明されます。男女を含《ふく》めて構いませんので、これから、歴史上の人物を十名挙げることを許します。もし、そのなかに当たりがあったら、「あなたにも霊能力がある」と考えられます。偶然《ぐうぜん》では、十分の一も当たらないでしょう。

ただ、「全部、はずれたら、今のところ、霊能力はない」ということです。
どうぞ。
プリズムの役割をよく考えてみてください。

F――　アリストテレス。

マイトレーヤー　違《ちが》います。はずれ、一。

F――　ガリレオ。

マイトレーヤー　違います。はずれ、二。

F――　ヴィシュヌ神。

マイトレーヤー　うーん、それは、宗教上、ちょっと別の意味合いがありますので、生きた人物として言うのは、今、問題があります。

F――　仏陀《ぶっだ》と同時代にお生まれになり、十六人の弟子を仏陀の下《もと》へ送り出したバーバリーというバラモンの指導者というか……。

マイトレーヤー　阿閦《あしゅく》如来ですか?

F――　そうです。

マイトレーヤー　違います。

難しいですね。うん。まあ、分からなくてよいのかもしれませんがね。

F――　（約三十秒間の沈黙《ちんもく》）

マイトレーヤー　はい。時間の無駄《むだ》ですので、やめさせていただきます。

コロンブスやローマ教皇《きょうこう》、ミトラ教の開祖などで生まれている

現代の世界史、日本史等では、なかなか習わないことも多くなっていますし、

「霊界の次元に照らして、何が偉《えら》く、何が偉くないのか」、地上の人には分からない。

ただ、プリズムの役割を果たしているということは、黄色から他の色全部に、分身が順番に出てきていることを意味しているわけなので、全然予想がつかないような者として生まれていることもございます。

まあ、一例だけ挙げましょうか。全部言うのは、私、あまり好みません。

「えー？　そんなものか」と思われると嫌《いや》なので、一例だけ挙げますね。

うーん、まあ、あんまりたくさん出ていると霊格が低く見えるので、言いたくないんですけども、実は、コロンブスといわれた人間が、私の魂《たましい》の兄弟の一人におります。

それから、キリスト教の教皇《きょうこう》のなかにも、実は、私の魂の兄弟はおります。

ま、その名前は、あえて挙げないことにしましょう。

さらに、具体的に私の名前がよく現れているものとしては、小アジアに生まれて、紀元前三世紀から三百年ほど、小アジアやローマ、アフリカを中心に広まった「ミトラ教」という宗教があります（注。最終的には五世紀頃《ごろ》に消滅《しょうめつ》した）。

これは、マイトレーヤーを尊敬する宗教で、「ミトラ」というのは、マイトレーヤーのことですね。「慈悲《じひ》」の意味ですが、「慈悲教」というのが起きて、仏陀とキリストの合間に入ったんですけれども、キリスト教の発展に従って滅《ほろ》びたものです。一時期は、先ほどのマニ教のように、世界宗教的様相を示したことがございます。

まあ、その宗教を起こしたりしたことがございますが、これらのことは忘れていただいたほうがよいかもしれません。

ともあれ、そういう「プリズム」ということで、無個性化するような生まれ方をする傾向《けいこう》がございます。そのため、関係のない所で生まれる傾向がございます。

ほかにもあることはあるのですが、あまり言うと、せっかく『太陽の法』で、「ここ一万年ほどは、ほとんど生まれていない」と書いてくださっているのに、期待を裏切ったら申し訳ないので言いません。

だから、大川隆法総裁が関心を持って呼ばない人のなかにいたということですね。

つまり、「必ずしも、この世的にずっと偉くて、地位が高いような人には生まれておらず、別な意味で、何らかの影響力《えいきょうりょく》を持ったような人に生まれたことがある」ということです。

あとは、女性としても生まれたことはございます。例えば、月の女神《めがみ》、「アルテミス」として生まれたこともございますね。

こんなことは興味本位になりますので、まあ、このへんでやめたいと思います。

F――　ありがとうございました。

大川隆法　（マイトレーヤーに）ありがとうございました。

これでよろしいですか。何か物足りないものがありますか。

マイトレーヤーとゾロアスターの、二人の霊言を録《と》りましたが、ほかに何か、特に訊《き》きたいことはありますか。

よいですか。では、今日は、このくらいにしましょう。

［注1］アガシャーは、今から一万数百年前に実在した、アトランティス帝国最後の王。政治家兼《けん》宗教家であり、愛を中心とした教えを説いた。九次元存在。その後、イエス・キリストとしても転生している。『アトランティス文明の真相』第2章参照。

［注2］サナト・クマーラは、エンリルの魂の兄弟で、紀元前八世紀頃、北インドに生まれた。インド・ヨガ界の元締《もとじめ》の一人。九次元存在。『宗教選択の時代』第5章参照。

［注3］霊界には、「次元」という上下の差だけではなく、横の広がりとして、愛の実践《じっせん》や真理知識の獲得《かくとく》に励《はげ》む霊たちのいる「表側の世界」と、魔法使いや

仙人・天狗など、技や力を誇示《こじ》する傾向を持つ霊たちのいる「裏側の世界」がある。天上界《てんじょうかい》の主流霊団であるエル・カンターレ系霊団は表側である。

［注4］理神論《りしんろん》とは、約一万五千三百年前、聖クザーヌスがアトランティスで説いた、ピラミッド・パワーと太陽信仰《しんこう》をあわせたような教えで、「理性的、科学的なるものは神の心にかない、また神の心は、理性的、科学的なものを欲する」という特徴《とくちょう》を持っていた。『太陽の法』第5章参照。

あとがき

やや神智学的《しんちがくてき》色彩を帯びた書ではあるが、真理への直接参入は他に方法はあるまい。

ゾロアスターとマニの教えが明らかにされ、九次元マイトレーヤー如来の姿の一端がかい間見えただけでも本書の刊行には意味があろう。これから先は、シークレット・ドクトリン（秘教）かと思うが、とりあえずのとっかかりができたというべきであろう。

中東は宗教の銀座でもあるにもかかわらず、日本人にとっては、はるかに遠い世界でもある。目覚めへの道が開かれることを望んでいる。

二〇一一年　八月下旬

幸福《こうふく》の科学《かがく》グループ創始者兼総裁《そうししゃけんそうさい》　大川隆法《おおかわりゅうほう》

『ゾロアスターとマイトレーヤーの降臨』大川隆法著作関連書籍

『太陽の法』（幸福の科学出版刊）
『「宇宙の法」入門』（同右）
『神々が語る　レムリアの真実』（同右）
『アトランティス文明の真相』（同右）

ゾロアスターとマイトレーヤーの降臨《こうりん》

――知られざる神々の真実――

2011年9月17日　初版第1刷

著　者　　大《おお》川《かわ》隆《りゅう》法《ほう》

発行所　　幸福の科学出版株式会社

〒142-0041 東京都品川区戸越1丁目6番7号
TEL(03)6384-3777
http://www.irhpress.co.jp/

印刷・製本　株式会社 東京研文社

落丁・乱丁本はおとりかえいたします

ISBN978-4-86395-148-8 C0014

Illustration: 服部新一郎

大川隆法ベストセラーズ・人生の目的と使命を知る

太陽の法

エル・カンターレへの道

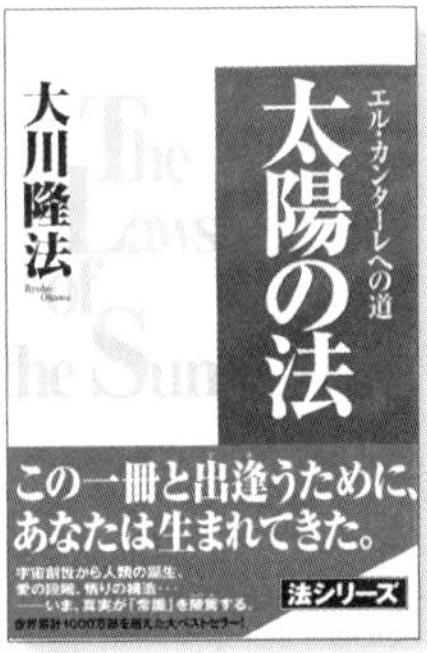

創世記や愛の段階、悟りの構造、文明の流転を明快に説き、主エル・カンターレの真実の使命を示した、仏法真理の基本書。

2,000円

黄金の法

エル・カンターレの歴史観

歴史上の偉人たちの活躍を鳥瞰しつつ、隠されていた人類の秘史を公開し、人類の未来をも予言した、空前絶後の人類史。

2,000円

永遠の法

エル・カンターレの世界観

『太陽の法』（法体系）、『黄金の法』（時間論）に続いて、本書は、空間論を開示し、次元構造など、霊界の真の姿を明確に解き明かす。

2,000円

※表示価格は本体価格（税別）です。

大川隆法ベストセラーズ・**超古代文明の真相に迫る**

アトランティス文明の真相

大導師トス　アガシャー大王　公開霊言

信仰と科学によって、高度な文明を築いたアトランティス大陸は、なぜ地上から消えたのか。その興亡の真相がここに。

第1章　大導師トスとアトランティスの全盛

宇宙文明との融合が進んでいたアトランティス／タイタンやオアンネスなどの人種も存在していた　ほか

第2章　アガシャー霊言による
アトランティス滅亡の真実

科学技術の中心は、ピラミッド・パワーと植物の生命エネルギー／人間の創造実験と異星人との交流　ほか

1,200円

神々が語る レムリアの真実

ゼウス・マヌが明かす古代文明の秘密

約3万年前に実在した大陸レムリア（ラムディア）の真実の姿とは。九次元霊ゼウス、マヌが神秘に包まれていた歴史を語る。

第1章　感性の文明が栄えたラムディア

ゼウスから見た「ラムディア文明滅亡の原因」　ほか

第2章　地球文明と宇宙人の関係

現在、宇宙人から技術供与を受けている国とは　ほか

第3章　マヌ霊言による「レムリアの真実」

『太陽の法』が書き直されたことの霊的意義　ほか

1,500円

幸福の科学出版

幸福の科学グループのご案内

宗教、教育、政治、出版などの活動を通じて、地球的ユートピアの実現を目指しています。

宗教法人 幸福の科学

一九八六年に立宗。一九九一年に宗教法人格を取得。信仰の対象は、地球系霊団の最高大霊、主エル・カンターレ。世界約八十カ国に信者を持ち、全人類救済という尊い使命のもと、信者は、「愛」と「悟り」と「ユートピア建設」の教えの実践、伝道に励んでいます。

（二〇一一年九月現在）

公式サイト
http://www.happy-science.jp

愛

幸福の科学の「愛」とは、与える愛です。これは、仏教の慈悲や布施の精神と同じことです。信者は、仏法真理をお伝えすることを通して、多くの方に幸福な人生を送っていただくための活動に励んでいます。

悟り

「悟り」とは、自らが仏の子であることを知るということです。教学《きょうがく》や精神統一によって心を磨き、智慧《ちえ》を得て悩みを解決すると共に、天使・菩薩の境地を目指し、より多くの人を救える力を身につけていきます。

ユートピア建設

私たち人間は、地上に理想世界を建設するという尊い使命を持って生まれてきています。社会の悪を押しとどめ、善を推し進めるために、信者はさまざまな活動に積極的に参加しています。

国内外の世界で貧困や災害、心の病で苦しんでいる人々に対しては、現地メンバーや支援団体と連携して、物心両面に渡り、あらゆる手段で手を差し伸べています。

年間３万人を超える自殺者を減らすため、全国各地で街頭キャンペーンを展開しています。

公式サイト
http://www.withyou-hs.net/

ヘレン・ケラーを理想として活動する、ハンディキャップを持つ方とボランティアの会です。視聴覚障害者、肢体不自由な方々に仏法真理を学んでいただくための、さまざまなサポートをしています。

公式サイト
http://www.helen-hs.net/

INFORMATION

お近くの精舎・支部・拠点など、お問い合わせは、こちらまで！
幸福の科学サービスセンター
TEL. 03-5793-1727（受付時間 火～金：10～20時／土・日：10～18時）
幸福の科学グループサイト http://www.hs-group.org/

教育

学校法人 幸福の科学学園

幸福の科学学園中学校・高等学校は、幸福の科学の教育理念のもとにつくられた学校です。人間にとって最も大切な宗教教育の導入を通じて精神性を高めながら、ユートピア建設に貢献する人材輩出を目指しています。

幸福の科学学園 中学校・高等学校（男女共学・全寮制）
2010年4月開校・栃木県那須郡

TEL 0287-75-7777
公式サイト
http://www.happy-science.ac.jp/

関西校（2013年4月開校予定・滋賀県）
幸福の科学大学（2016年開学予定）

仏法真理塾「サクセスNo.1」

小・中・高校生が、信仰教育を基礎にしながら、「勉強も『心の修行』」と考えて学んでいます。

TEL 03-5750-0747（東京本校）

不登校児支援スクール「ネバー・マインド」

心の面からのアプローチを重視して、不登校の子供たちを支援しています。

NPO 活動支援

学校からのいじめ追放を目指し、さまざまな社会提言をしています。また、各地でのシンポジウムや学校への啓発ポスター掲示等に取り組むNPO「いじめから子供を守ろう！ネットワーク」を支援しています。

公式サイト **http://mamoro.org/**
ブログ **http://mamoro.blog86.fc2.com/**
相談窓口 **TEL.03-5719-2170**

政治

幸福実現党

内《ない》憂《ゆう》外《がい》患《かん》の国難に立ち向かうべく、二〇〇九年五月に幸福実現党を立党しました。創立者である大川隆法党名誉総裁の精神的指導のもと、宗教だけでは解決できない問題に取り組み、幸福を具体化するための力になっています。

党員の機関紙
「幸福実現News」

TEL 03-3535-3777
公式サイト
http://www.hr-party.jp/

出版メディア事業

幸福の科学出版

大川隆法総裁の仏法真理の書を中心に、ビジネス、自己啓発、小説など、さまざまなジャンルの書籍・雑誌を出版しています。他にも、映画事業、文学・学術発展のための振興事業、テレビ・ラジオ番組の提供など、幸福の科学文化を広げる事業を行っています。

TEL 03-6384-3777
公式サイト
http://www.irhpress.co.jp/

入会のご案内

あなたも、幸福の科学に集い、
ほんとうの幸福を
見つけてみませんか？

幸福の科学では、大川隆法総裁が説く仏法真理をもとに、「どうすれば幸福になれるのか、また、他の人を幸福にできるのか」を学び、実践しています。

入会

大川隆法総裁の教えを学ぼうとする方なら、どなたでも入会できます。入会された方には、『入会版「正心法語」』が授与されます。（入会の奉納は1,000円目安です）

ネットでも**入会**できます。詳しくは、下記URLへ。
http://www.hs-group.org/

三帰《さんき》誓願《せいがん》

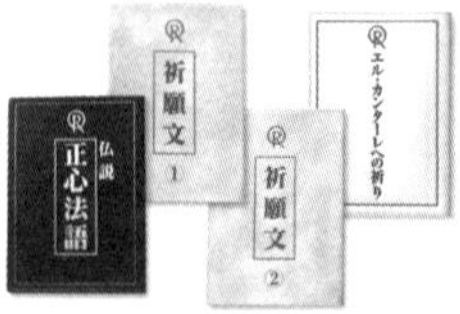

仏弟子としてさらに信仰を深めたい方は、仏・法・僧の三宝への帰依を誓う「三帰誓願式」を受けることができます。三帰誓願者には、『仏説・正心法語』『祈願文①』『祈願文②』『エル・カンターレへの祈り』が授与されます。

植福《しょくふく》の会

植福は、ユートピア建設のために、自分の富を差し出す尊い布施の行為です。布施の機会として、毎月1口1,000円からお申込みいただける、「植福の会」がございます。

「植福の会」に参加された方のうちご希望の方には、幸福の科学の小冊子（毎月1回）をお送りいたします。詳しくは、下記の電話番号までお問合せいただくか、宗教法人幸福の科学公式サイトをご確認ください。

月刊
「幸福の科学」

ザ・伝道

ヤング・ブッダ

ヘルメス・エンゼルズ

INFORMATION	幸福の科学サービスセンター TEL. 03-5793-1727（受付時間 火～金：10～20時／土・日：10～18時） 宗教法人 幸福の科学公式サイト http://www.happy-science.jp